# 古典文獻研究輯刊

## 三八編

潘美月・杜潔祥 主編

# 第55冊

## 敦煌寫本《太公家教》之整體研究(上)

余聯芳 著

國家圖書館出版品預行編目資料

敦煌寫本《太公家教》之整體研究（上）／余聯芳 著 -- 初
版 -- 新北市：花木蘭文化事業有限公司，2024〔民 113〕
序 8+ 目 4+152 面；19×26 公分
（古典文獻研究輯刊 三八編；第 55 冊）
ISBN 978-626-344-758-5（精裝）
1.CST：太公家教 2.CST：敦煌學 3.CST：啟蒙教育
4.CST：研究考訂
011.08 　　　　　　　　　　　　　　　　112022622

ISBN-978-626-344-758-5

9 786263 447585

古典文獻研究輯刊
三八編　第五五冊　　　　　　　ISBN：978-626-344-758-5

# 敦煌寫本《太公家教》之整體研究(上)

作　　者　余聯芳
主　　編　潘美月、杜潔祥
總 編 輯　杜潔祥
副總編輯　楊嘉樂
編輯主任　許郁翎
編　　輯　潘玟靜、蔡正宣　美術編輯　陳逸婷
出　　版　花木蘭文化事業有限公司
發 行 人　高小娟
聯絡地址　235 新北市中和區中安街七二號十三樓
　　　　　電話：02-2923-1455／傳真：02-2923-1452
網　　址　http://www.huamulan.tw 信箱 service@huamulans.com
印　　刷　普羅文化出版廣告事業
初　　版　2024 年 3 月
定　　價　三八編 60 冊（精裝）新台幣 156,000 元　　　版權所有‧請勿翻印

## 作者簡介

余聯芳，1962 年生，江蘇阜寧人。香港新亞研究所文學碩士（2014），香港新亞研究所文學博士（2022）。師承何廣棪教授，治版本、目錄、辨偽、校勘、文獻、輯佚等學，繼陳寅恪先生和羅香林先生之治學脈胳，撰博士論文《敦煌寫本〈太公家教〉之整體研究》，更遵陳垣先生《校勘學釋例》為指南，盼此作可為今日童蒙教育之發端。碩士論文《李清照詩研究與賞析》，從徐培均《李清照集箋注・補遺篇》之法輯得清照〈題硯詩〉一首，可謂繼黃盛璋發現清照〈偶成〉詩後另一輯佚成績。

## 提　　要

　　1900 年敦煌藏經洞的發現，揭開中國極珍貴文化遺產的面紗，也為國際漢學家提供了嶄新資料，誠如陳寅恪先生所預料，「敦煌學」從此風行天下，成為近代的「顯學」之一。一九七二年十二月十六日，潘重規先生在香港新亞研究所作學術演講，以「敦煌學的現況和發展」為題，提出兩項原則為期許：1 敦煌學中國化，2 敦煌學現代化。〔註1〕眾所周知，敦煌寶藏蘊藏材料之豐富，實為研究中古時代五至十世紀之文化史、社會史和文學史等絕佳好材料。然近代以來，蒙書研究雖受到重視，而傳播卻並不廣泛，我乃起心動念想對敦煌寫本蒙書《太公家教》進行深入研究，深盼能為今日童蒙教育做另一個發端。自古以來，各家皆認為蒙書的撰作，目的是為君主專制統治服務，但其功效實遠超於此。國家富強必需先使受教育者成為「忠孝節義，清廉寬信」之人，只有以童蒙家訓作為思想教育，才能為國家培養人才提供最佳利器。今日希望參考敦煌寫本蒙書《太公家教》之真義，於二十一世紀教育兒童和青少年，使蒙學發揮文化助力，端正社會風氣，再以敦煌蒙書的發展迎勢而興，善化童蒙教材，並加強兒童教育方為上策。

　　本人為求進一步獲得有關敦煌遺書和寫本《太公家教》資料的來龍去脈，曾於 2018 年 3 月27 日親赴日本東京國立國會圖書館查找資料，幸在日本東京國立國會圖書館蒐集到有關本世紀日本學人對敦煌寫本《太公家教》研究之書冊共計十五種，其中有四種藏於 KSK 圖書館；論文撰作後期又有突破，共得歷年敦煌遺書《太公家教》寫本總數達 67 本；近日又從張球會《六合叢書》中，發現有陳寅恪對《敦煌文〈太公家教〉書後》之佚文，此發現有助於解開和研究陳氏 1932 年於清華大學所列《敦煌小說選讀》講義中，有一篇對〈《太公家教》命名的看法〉，此文陳氏從未正式對外發表過，但文章卻予人以刪除的謎團。本人以《敦煌寫本〈太公家教〉之整體研究》撰作博士論文，因資料繁多，又綜合搜輯英藏、法藏、日藏、俄藏和國藏等各家敦煌寫本《太公家教》之資料，謹以追隨陳垣先生《校勘學釋例》和何師廣棪治學方法，對所得敦煌文獻資料，採用版本校勘、整合、輯佚，溯本追源等方法進行探討，更利用中、港、臺現存各專家學者之研究成果進行參酌，惟資料太多，故諸多相關蒙書不便旁涉，僅能專注和針對敦煌寫本《太公家教》有關的文獻資料，進行歸納整理和探討。祈盼本論文之研究，能對時下啟蒙教育有所裨益，則於願足矣。

　　〔註1〕蘇瑩輝著：《敦煌學概要》（臺北：1988 年 12 月出版），頁 272。潘重規先生講詞經鄺慶歡
　　　　　小姐記錄，後刊入潘氏所著「列寧格勒十日記」（臺北學海出版社出版）附錄中。

# 代序：陳寅恪教授另一佚文考述
## ——〈敦煌本《太公家教》書後〉

何廣棪

　　余齡屆卅餘，即隨恩師羅香林（元一）教授研究陳寅恪先生之學術，先後發表〈陳寅恪先生事蹟及其著述拾遺〉、《陳寅恪先生遺詩述釋》、《陳寅恪先生著述目錄編年》、《陳寅恪先生論文集補編》等論著，頗受學壇注目與李璜、吳其昱二位教授推譽。由是備受激勵，更知奮勉。其後余轉而專注古今學術名家論著之輯佚，早歲嘗輯得陳寅恪〈致劉祖霞醫師〉書函一通，該書函未被蔣天樞教授收入一九八〇年上海古籍出版社刊行之《陳寅恪文集》；而延至二〇〇一年，北京三聯書店出版《陳寅恪集》，始由陳寅老三女兒陳美延女士從拙著中得以檢出，遂收入《陳寅恪集》第九種《書信集》內。前年，余又輯得寅老致馬士良佚函，用以撰就〈陳寅恪教授致馬士良佚函一通略考〉，發表於臺北市《國文天地》二〇二一年十一月號，第三十七卷第六期。寅老此函亦未被收入前揭示之《陳寅恪文集》與《陳寅恪集》。讀者倘熱愛研閱寅老佚文者，無妨翻檢《國文天地》刊載之拙文，細意研閱，用資攻錯。

　　近又有幸，得讀寅老佚文另一篇，該文附載於《歷史研究》二〇〇四年第四期張新朋先生所撰陳寅恪佚文〈《敦煌本〈太公家教〉書後》考釋〉中。（以下簡稱〈考釋〉）寅老此佚文，臺、港學者鮮得而讀之，故臺、港研究寅老學術者多未提及該文，用特剪裁寅老佚文於下，並加考述，以資紹介。

　　張新朋〈考釋〉列示之寅老〈書後〉，凡四頁，茲先影印以為推介。惟佚文影本甚不清晰，不得已仍另行抄列其內容，並略附拙撰案語於下（見下頁圖一），俾讀者知悉鄙見。

圖一

寅老佚文凡分四大段，其第一大段謹抄列如次：

《敦煌本太公家教》一卷，王靜安先生國維為之跋，極詳審。（見《觀堂集林》卷二十二及《鳴沙石室佚書》附刊提要）王靜安先引王明清《玉照新志》三云：

太公者，猶曾高祖之類，非渭濱之師臣明矣。

靜安先生復識其後云：

卷中有云：「太公未遇，釣魚水。（原注「水」上奪「渭」字。）相如未達，賣卜於市。□（此處原文為方框「□」）天居山，魯連海水。孔鳴盤桓，候時而起。」書中所使古人事止此，或後人因是取「太公」二字冠其書，未必如王仲言「曾高祖」之說也。

寅恪案：卷中使古人事者實不止「太公」一條。在「太公」條前者，有「只欲揚□（此處原文為方框「□」）後代，復無晏嬰之機。」及「唐虞雖聖，不能化其明君；徽子雖賢，不能諫其暗君；比干雖惠，不能自免其身。」在「太公」條後者，有「孟母三移，為子擇鄰。」等條，皆使古人事者。假如靜安先生之說，後人何故獨取其中「太公」一條之首二字冠其書，此理未喻。又靜安先生意謂此書名之「太公」，實指太公望言。

案：寅老此段文字，主要闡說王國維跋語。寅老並謂王氏徵引南宋王明清《玉照新志》，指書名「太公」二字，乃喻「曾高祖之類」，而非單指姜太公一人。寅老復謂王氏言《太公家教》書中，其所使用古人史事，上及太公、司馬相如、□天、魯連、孔鳴諸位，惟後人則僅取「太公」二字冠此書，而所釋「太公」，亦未必如王明清所言乃指「曾高祖之類」也。寅老續下案語，則暗指王國維跋語有錯訛，蓋《太公家教》書中使用古人史事，實不止上述「太公」等五人，其後尚涉及「晏嬰」等人，足證書名之「太公」，非僅指姜尚一人。故寅老對王氏此說則不以為然，故於其下遂有「此理未喻」之評說。蓋《太公家教》文中於「晏嬰」、「唐虞」諸聖、「徽子」（應作「微子」）、「比干」、「孟母」諸人之事蹟亦所涵及，是以寅老頗贊成王明清《玉照新志》「太公者，猶曾高祖之類，非渭濱之師臣明矣」之說，而不贊成「太公」二字，僅用以指姜尚一人。其實王國維文中引列之古人姓名亦頗有筆誤，如「孔明」誤作「孔鳴」，「微子」誤作「徽子」，敦煌卷子有如上譌字，蓋抄寫者或因同聲字而錯，或文字形近而誤。惟王氏仍照卷子徵引，而對其中錯訛未予指正，斯則屬智者治學因過信原件所記而產生之微瑕，吾人似不宜厚責之也。

寅老佚文第二大段，茲續抄列如下：

《四庫全書總目提要》卷一百十七、〈子部・雜家類〉——《顏氏家訓》條云：陳振孫《書錄解題》云：「古今家訓以此為祖。」（見《陳氏書》卷十、雜家類）然李翱所稱《太公家教》雖屬偽書。至杜預《家誡》在前久矣，特之推所撰卷帙較多耳。

據此，可推知館臣之意雖與靜安先生不同，而以太公為太公望則無二致。且列舉此書與《家誡》、《家訓》並論，是以「家教」二字為一名詞，而讀作「太公之家教」也。然此書乃刺取舊籍聯綴成文，實一格言熟語之彙集。其中偶有涉及齊家之語，不過就教育男女分別

立言而已，絕非垂訓子孫之專書也。「家教」之名雖亦可通，按諸內容究嫌不切，疑其命名取義尚有不止於是者。

案：寅老此段文字，乃徵引紀昀《四庫全書總目・顏氏家訓》條立說，意謂顏之推《家訓》乃「古今家訓以此為祖」之書。其說實據陳振孫《直齋書錄解題》卷十、〈雜家類〉「《顏氏家訓》」條。至論家訓類之書，王國維則以晉人杜預撰《家誡》為最早，而北齊顏之推《顏氏家訓》次之，唐李翱所稱《太公家教》又次之，因而寅老遂有「至杜預《家訓》在前久矣」之判斷。又紀氏與王國維均以為「太公」二字乃僅指姜尚，並將《太公家教》與《家誡》、《顏氏家訓》三者並論，是則紀、王二氏均視「家教」為名詞，寅老乃認為紀、王二人均將《太公家教》四字，解為「太公之家教」，殆指父祖之教育男女，分別立言，殊非視「家教」為垂訓子孫之專書。寅老認為倘將「家教」視作專書，「按諸內容究嫌不切」，故疑《太公家教》之命名取義，尚有不止於上述者。

寅老佚文，其第三大段，續抄列如下：

考唐義淨譯《根本說一切有部苾芻尼毘奈耶》卷五云：

云何十種私通？謂十人所護。父護、母護、兄護、弟護、姊妹護、太公護、太家護、親護種護、族護、王法護。

《攝頌》曰：十種謂父母，兄弟及姊妹，太公與太家，親種族王法。

（上略）云何太公護？若女人，父母宗親並皆亡歿；其夫疾患，或復癲狂；流移散失，依太公住。太公告曰：「新婦！汝可歡懷於我邊住！我憐汝，念汝，如觀己子。」太公即便如法守護，是名太公護。

太家護亦然。

案：寅老此段所述，乃引自唐義淨譯《根本說一切有部苾芻尼毘奈耶》卷五，以釋「十種私通」。

考私通二字，《康熙字典》，〈午集・禾部〉二畫載：「《釋名》：『私，恤也，所恤念也。』《後漢百官志》：『私，便也。』《左傳》襄十五年：『師慧通宋，朝將私焉。』注：『謂小便。』」是「私」字作方便解。《康熙字典》，〈酉集下・走部〉七畫另載：「通」字，其注曰：「凡人往來交好曰通。」是「通」字作「交好解」。綜上所引則「私通」之意，可釋作方便交好。是則義淨《根本說一切有部苾芻尼毘奈耶》首句「云何十種私通」，其意殆指十種方便交好之法。此語亦即言「十人所護」。「十人所護」，計為：父護一也、母護二也、兄護三也、弟護四也、姊妹護五也、太公護六也、太家護七也，親護種護八也、族護

九也，王法護十也。至其所言「太家護」，即指母護，惟其「家」字通「姑」，不讀「家」，即太姑護。又《康熙字典》「宀」部七畫載：「家，又與姑同，太家，女之尊稱，漢曹世叔之妻班昭稱太家，即超妹。」是此「家」字通姑，讀作「姑」始合。

又案：此處所引「義淨」一名，商務印書館版臧勵龢等編《中國人名大辭典》載：「唐高僧，一作淨義，范陽張氏子，字文明。咸亨初往西域，徧歷三十餘國。經二十五年，求得梵本四百部歸，譯之。」咸亨，唐高宗李治（670～674）年號。又考：上海辭書出版社有震華法師遺稿《中國佛教人名大辭典》，其書著錄有「義淨」（635～713）」條，所記資料較商務本條更詳盡，需要參考者無妨翻檢。

寅老佚文，其第四大段，仍抄列如下：

> 宋贊寧《高僧傳》卷一〈義淨傳〉載其卒於唐玄宗先天二年，（西曆七一四年）年七十九。是其生年為太宗貞觀九年。（西曆六三五年）李習之〈答朱載言書〉既引《太公家教》為喻，則其書於唐之中葉必已流行。據此推其著作年代，當不能後於唐初。義淨所生之時適與相值，其譯佛經蓋兼采當時習用之語。此書標名之義，即可藉以印證，不必廣徵不同時代之語言以相比傅，轉致糾紛迷惑，無所折衷。然則當時呼夫之父母為太公太家，當亦為老翁老嫗之通稱。「太公家教」者，或亦可釋為「太公及太家之教言」，即「老生常談」之謂。若依此為解，然後此書題名與其內容始相符合，並可見王仲言所說雖頗近似，仍有未諦。而諸家俱以「家教」二字為聯語，疑皆不得此「家」字之義者也。故舉義淨譯經之文以資參證，固未必即為典據，要足為讀是書者備一別解。或者「太公」二字，可依義淨譯作語老翁之解。而「家教」二字則仍聯讀。書名標題之意，即篇首所謂「為書一卷，助幼童兒」者，殆與「蒙求」、「幼學」之名同類歟？此書自來館閣、私家均未著錄，其命名取義亦解說紛歧，茲並列異說，以俟博雅君子論定焉。

案：寅老此段闡述，先根據宋贊寧《高僧傳·義淨傳》所載傳主生卒年，用以推證《太公家教》作年，乃考得此書於「唐之中葉必已流行」，進而推知其書著作年代，則「當不能後於唐初」；又因義淨生時適與《太公家教》版行相值，故義淨漢譯梵文佛經，且兼采唐初習用之語，而《太公家教》標名之義，

則「當時呼夫之父母為太公太家」，此「太公太家」當亦為「老翁老嫗」之通稱。是則「太公家教」者，殆可釋為「太公及太家之教言」，亦即「老生常談」之謂。若依此為解，則此書題名方與其內容相符合，並可見王明清《玉照新志》「太公者，猶曾高祖之類，非渭濱之師臣明矣」之說，雖頗近似，而仍有未諦也。惟後來諸家俱以「家教」二字為聯語，疑皆不得「家」字之義。寅老佚文中，舉義淨譯經以資參證，並謙稱其所考得「固未必即為典據，要足為讀是書者備一別解」，是知寅老識見圓融，處事謙虛，其於書名「太公」，乃依義淨譯作老翁解，而「家教」則仍聯讀，是則此書書名標題之意，亦即篇首所謂「為書一卷，助幼童兒」之義，是乃《太公家教》之書，殆與「《文字蒙求》」、「《幼學瓊林》」等同類矣！由上述觀之，寅老終視《太公家教》為教授童蒙之書籍，而不釋為太公、太家之教導，殆可知之矣！

有關陳寅恪教授〈敦煌本《太公家教》書後〉一文，余所撰考述已如上述。至寅老所撰〈書後〉所以成為佚文之原因，據陳美延及寅老弟子蔣天樞、卞僧慧二位教授意見，咸以為寅老舊作難稱其心意，故未予發表，因此〈敦煌本《太公家教》書後〉其後亦未得被收入《文集》與《集》中。至張新朋先生撰〈陳寅恪佚文《敦煌本〈太公家教〉書後》考釋〉，則謂〈書後〉一文，寅老未嘗發表，僅被收入上世紀三〇年代其在清華大學授課時所用講義《敦煌小說選讀》中，張新朋二〇〇三年九月託友人胡文輝從北京孔夫子舊書網購得一冊，此講義乃前清華大學學生畢樹棠舊藏。講義凡收文章十二篇，其第十篇乃〈敦煌本《太公家教》書後〉，張新朋用以撰成〈考釋〉，並發表於《歷史研究》二〇〇四年第四期。由是寅老所撰〈書後〉，乃得以廣傳於後，斯皆張新朋先生之貢獻也。

嗣後，余仍會留意並用心於寅老佚文之蒐輯與研究。凡我同道，無妨效法張新朋先生之作為，彼此通力合作，獻身學術，以求寸進，則毋任盼禱矣。

原載《國文天地》第 38 卷第 10 期，2023 年 3 月

# 讀余聯芳博士〈敦煌寫本《太公家教》之整體研究〉贅言

何廣棪

　　余早歲攻讀香港珠海文史研究所博士班，追隨恩師羅元──（香林）教授研治陳寅恪先生義寧學術。蒐求資料頗富，用功亦勤。其時撰成相關研究論文，有發表者後均收入拙著《何廣棪論學雜著》正、續編中。後因元一師不幸病逝，適當指導教授乏人，乃轉投新亞研究所，改而鑽研南宋著名目錄學家陳振孫及其《直齋書錄解題》。荏苒三年畢業，即應聘臺灣華梵大學東方人文思想研究所，培養博、碩士生。執教十六載，頗具勞績。年屆退休，轉而服務母校，轉瞬間又十四、五載矣！於新亞所授科目，主要為錢賓四（穆）師畢生推崇之《論語》學，其他則為文獻學、古典文學，亦兼授及陳寅老之義寧學術。

　　義寧之學，涵蓋敦煌學。「敦煌學」之美名，即由寅老妙選以命之，自是享譽世界學壇，中、外著名學人攻研不輟。余在新亞指導研究生余聯芳，其博士論文即為《敦煌寫本〈太公家教〉之整體研究》。余君論文去歲撰就，並獲考試通過，近日且得臺灣花木蘭文化事業有限公司允予付梓，乃請序於余。適余剛撰就《陳寅恪教授另一佚文考述──敦煌本〈太公家教〉書後》一文，遂詒之以為代序，用答所許。

　　寅老早歲撰有《敦煌本〈太公家教〉書後》一事，學壇知之者少。大陸學人張新朋先生撰《敦煌本〈太公家教書後〉考釋》予以揭示，吾人方知寅老有此佚文，至足樂也。義寧學術博大精深，敦煌學僅其一端，而寅老撰成此文，則深具啟發意義，固是佳構。余自受教羅元一師，即篤嗜義寧之學。近所刊《陳寅恪教授另一佚文考述──敦煌本〈太公家教〉書後》，亦步趨寅老之作也。至余君撰成博士之論文，則學有所就，庶可繼承義寧學術一脈者。余既樂觀厥成，乃特撰「贅言」以激勵之。余君其勉之哉！

二〇二三年九月一日何廣棪撰於新亞研究所

# 第一章　緒　論

　　一八九九年夏，一個閟藏千年文物的敦煌千佛藏經洞被發見了。根據各家記述，包括碎片，藏經洞之藏書總數量大約有四萬號，絕大多數是寫本，一小部分是木刻本。寫本年代，大概自公元四世紀〔註1〕至十世紀末期止，絕大部分為楮紙卷子。此外尚有極少數拓本及九、十世紀的印本。藏書內容大多數是佛教經典，另有道教、景教、摩尼教、儒家經典、史地、子、集四部書籍、語言、文學、社會、經濟、法律、政治、公私文書、天文曆算、兵法、醫藥、術數、繪畫、音樂、舞蹈、各種賬籍、轉帖等等，但以佛教史料至為豐富。其他尚有吐蕃寫本、回鶻文、于闐文、粟特文等寫本，雖數量極少，卻極其珍貴。〔註2〕藏經洞遺書的發現，不僅是極珍貴的文化遺產，同時提供了國際學術界鑽研漢學的嶄新資料，促使「敦煌學」風行天下，成為近代的「顯學」之一。

　　1930年陳寅恪先生（1890～1969）為陳垣先生（1880～1971）《敦煌劫餘錄》寫序文，首次提出「敦煌學」一詞，並謂「一時代之學術，必有其新材料與新問題，取用此材料以研究問題，則為此時代之新潮流。」潘重規先生（1908～2003）亦云：「任何一門學問，必先掌握學術資料；資料愈豐富，學術愈進步，這是顛撲不破的真理。」〔註3〕蓋敦煌寶藏蘊藏豐富，乃研究中古時代文

---

〔註1〕蘇瑩輝著：《敦煌論集》；臺北：臺北學生書局，中華民國58年8月初版，頁14。巴黎藏敦煌石室本「殘沙洲土竟」卷首，為創始建窟於永和八年癸丑（應為永和九年，西元353年）。

〔註2〕鄭阿財，朱鳳玉編：《敦煌研究論著目錄》；臺北：漢學研究資料及服務中心編印，中華民國七十六年四月，鄭序v～vi。

〔註3〕鄭阿財，朱鳳玉編：《敦煌研究論著目錄》；臺北：漢學研究資料及服務中心編印，中華民國七十六年四月，潘序ii～iv。

化史、社會史和文學史等絕佳好材料。雖近代以來研究蒙書逐漸受到重視，但可惜傳播並不廣泛，研究文章雖逐日增加，卻亦寥寥有限。有見於此，本人特以《敦煌寫本〈太公家教〉之整體研究》撰作博士論文，以為續貂。

本人撰作本博士論文，搜輯英、法、日、俄、近代和民國以後各家敦煌蒙學之資料，參考陳垣先生《校勘學釋例》為指南，對敦煌寫本《太公家教》進行版本校勘。其中上世紀九十年代曾以《太公家教》為論文和專著發表的周鳳五先生（1947～2015），其運用相關資料可謂豐贍，故決定以其《敦煌寫本太公家教研究》為參考底本，抽絲剝繭地解決各家對《太公家教》版本勘定的問題；並追隨周氏認真研究精神與態度，將各方面材料，如：卷數考證、卷數種數和命名問題等，又以新發現陳寅恪先生曾刪除的資料為參考，重新比勘、整理，深層次探討，溯本追源。統合中、港、臺前輩學者們之研究成果與發見，將相關文獻資料，拾遺補闕後做進一步歸納、分析與整合，或許個人的學術創獲並不明顯，但希望此整合研究，亦是本人的一個學術新起點。

本論文全篇共七章，第一章緒論：第一節研究動機，第二節我國當代學人研究敦煌學與敦煌寫本《太公家教》之初步成果，第三節二十世紀以來日本學人對敦煌寫本蒙書《太公家教》之研究，第四節研究敦煌寫本蒙書《太公家教》之後續工作；第二章敦煌之歷史及其敦煌蒙學與藏經洞：第一節敦煌之歷史背景，第二節敦煌蒙學之緣起與發展，第三節藏經洞之由來與發現；第三章古代家庭教育及其與敦煌蒙書之關係：第一節古代家庭教育，第二節敦煌蒙書之分類及其書目，第三節敦煌蒙書之分類與教學功能；第四章敦煌寫本蒙書《太公家教》：第一節敦煌目錄學之發展，第二節《太公家教》寫本之卷數考證，第三節《太公家教》寫本之卷數種數，第四節《太公家教》命名之取義，第五節《太公家教》之成書及抄本時代，第六節《太公家教》對童蒙教學之當代意義；第五章敦煌遺書《太公家教》各種寫本之比勘與整理：第一節敦煌遺書《太公家教》不同寫本之校勘，第二節英、法、日、俄藏敦煌遺書《太公家教》內容之比勘，第三節中國當代學人對敦煌遺書《太公家教》探研之比較研究；第六章《太公家教》思想教育之意義：第一節《太公家教》之思想教育與成果，第二節《太公家教》之用典，第三節《太公家教》之修辭；第七章結論：第一節本論文研究之特色，第二節本論文研究之成果，第三節本論文研究之展望，第四節本論文研究之願景。以上各章均將詳細考述並盡申己說。

# 第一節　研究動機

當閱讀鄭阿財（1951～）和朱鳳玉（1955～）主編之《1998～2005 敦煌研究論著目錄》一書時，從書中看到潘重規先生於 80 年代研究敦煌學克盡勤勞，更提攜弟子鄭阿財和朱鳳玉，收集整理敦煌資料是如斯艱難、且在篳路襤褸的環境下，教導他們為敦煌學的創立竭盡己能。鄭、朱二人謹遵師訓，至今在敦煌學研究上獲得頗大成就，這種態度不但值得學習，更使我受到啟發，也欲在此基礎上做出個人之貢獻。

研究計劃擬參考古人自小學習為入手點，指導教授何師廣棪（1940～）當時給予我的建議，認為敦煌寫本蒙書可以是一個發端。首先以黃永武博士（1936～）整理之《敦煌寶藏》與鄭阿財、朱鳳玉《敦煌蒙書研究》二書為研究基礎，點讀文本再決定採用周鳳五先生《敦煌寫本太公家教研究》為基本，對敦煌寫本蒙書《太公家教》進行深入研究。雖然鄭氏和朱氏等對敦煌蒙書的編著宗旨，認為蒙書本來的撰作目的是為君主專制統治服務，但是我覺得可以同時思考將「《太公家教》之研究」成果對古代家庭教育和今日社會的幼兒教育作整體研究。唐杜正倫之敦煌本《百行章》曾說：「雖讀不依，徒示虛談，何益存忠？則須盡節立孝，追遠慎終。至於廣學不仕明朝，侍省全乖色養；遇沾高位，便造十惡之衍；未自勵躬，方為三千之過。臣每尋思此事，廢寢休餐，故錄要真之言，合為《百行章》一卷。」〔註4〕由此，可見統治者為了培養出符合當時需求之人才，首先要使受教育者成為「忠孝節義，清廉寬信」的人，故在童蒙時期便須給予正確的思想教育。在二十一世紀的今日，世界充滿歪風，你我若都能參考敦煌寫卷本蒙書《太公家教》之教導，或應可端正社會風氣，希望敦煌蒙書的發展和趨勢，亦能成為當今的童蒙教材，於教育兒童和青少年能發揮切實助力。

任允松在《敦煌蒙書的儒教思想》博士論文中曾說：

> 由於敦煌蒙書內容不但豐富，且體制多元，加上教化蘊意深遠，但是其文字編寫十之八九皆為「條列式」、「標題式」、「例舉式」的，並無長篇大論的說明、註解與申論，可以看出是歸因於其為「教材」的體式與「啟蒙」的性質。一套完整的教育流程且能達到教育目的，就必須是「中心思想」＋「教材」＋「受教者」＋「施教者」。而本文

---

〔註 4〕鄭阿財，朱鳳玉著：《敦煌蒙書研究》，蘭州：甘肅教育出版社，2002 年，頁 1～9。

所論述的儒教道德即中心思想，本文所論述的敦煌蒙書即教材，啟
蒙即為受教者的本質特性。而上述蒙書所具的「條列式」、「標題式」、
「例舉式」這些特點，正是應「施教者」而成。正因上述特點，「施
教者」方能就內容的多寡、講解的深度、涉及的層面與受教者的程
度而做調整與控制。也因此，敦煌蒙書並非內容粗淺、俚俗，而是
給「施教者」更大的自主與應用空間，套句現代名詞，即教師更具
「教學自主性」。

任氏對敦煌蒙書內容與體例之意見，若能融合《太公家教》作進一步深考並說
明，方能確切落實將敦煌蒙書乃至於《太公家教》成為合適童蒙教材，使施教
者發揮的自主與應用空間加大，同時使受教者被啟發的成效更明顯。

　　敦煌寫卷本蒙書《太公家教》在「家教」、「家訓」框架下，擁有其深藏的
教化意蘊，完全不遜於名士們的經典史傳。敦煌寫本蒙書《太公家教》，雖然
文字淺顯、內容平易、並以通俗生活與觀念表達等方式，只透過塾師、父母、
朋友之口傳身教，就能讓倫理道德思想在不知不覺中深入兒童內心。這正是敦
煌蒙書在教育上所表現的極端滲透力，故其教材之有效，實在值得我們進一步
深究與探討。

# 第二節　我國當代學人研究敦煌學與敦煌寫本《太公家教》之初步成果

　　一八九九年甘肅省敦煌鳴沙山第二八八號石窟，被發現藏著幾及千年之
前的豐富古代文化典籍和歷史資料，即「敦煌古籍」。此發現給學術研究者提
供極其豐富的學術資料，形成所謂「敦煌學」，使今日之歷史、語言、社會、
經濟、宗教、文學、藝術等學術，都獲得了新發展。

　　令人扼腕是此珍貴文獻被發現後不久，旋被英國人斯坦因（Aurel Stein）
（1862～1943）在 1907 年盜劫一部分，後轉運存放在英國倫敦不列顛博物院。
後又有法國人伯希和（Paul Pelliot）（1878～1945）盜劫最精華部分，運回巴黎
國立圖書館存放。繼之有俄、日等外國覬覦者又盜劫一部分。而被劫剩餘部分，
直至 1909 年才由清朝政府學部收管。最令人痛心是在運送回京途中，此剩餘
之敦煌古籍竟然被地方和護送官吏們，再次盜劫了其中一大部分，最後僅餘八
千多卷，存放於北京圖書館。如今這些有用之典籍資料，大多密閉在無人使用

之所。回望在資料有限下「敦煌學」之研究，其進行之緩慢，頗有停滯不前之虞。幸今日在各方努力和重視下，當初的國立敦煌藝術研究所，已於 1984 年擴建為敦煌研究院，在 2017 年被中國博物館協會評為第三批國家一級博物館，更已發展成為我國擁有世界文化遺產數量最多、跨區域範圍最廣的文博管理機構，已發表論文 3940 餘篇，同時成為國內外最具有影響力的遺址博物館和敦煌學研究實體、古代壁畫與遺址保護科研基地，從此敦煌研究院實為「敦煌學」的研究大本營，也希望「敦煌學」能從此開出燦爛奪目的花朵。

今日回看「敦煌學」與敦煌寫卷本《太公家教》的有關研究，「敦煌學」首以敦煌古籍內之四部書為特別具有普遍和廣泛之用途。一九〇九、一九一三、一九一七等年內，伯希和曾為交結我國學者，乃將一些敦煌四部書之影片送給蔣斧（1866～1911）、羅振玉（1866～1940）等。羅振玉也藉由這些資料次第印成《敦煌石室遺書》、《鳴沙石室佚書》、《鳴沙石室古籍叢殘》等資料發表，引起當時學者王國維（1877～1927）、劉師培（1884～1919）、曹元忠（1865～1923）、繆荃孫（1844～1919）等人極大注意，還作出一些研究，並寫成提要，向學術界宣傳和介紹。敦煌訓蒙文獻研究，首以 1913 年王國維為羅振玉刊布敦煌寫本所寫跋文《唐寫本〈太公家教〉跋》〔註5〕為發端，當時已深受世人矚目。該跋文確定《太公家教》作者身分，認為該書「猶引周漢以來事，當是有唐村落間老校書為之。」以太公者猶曾高祖之類的觀點，更引原書「太公未遇，釣魚於水」，認為可能是後人取將太公之「太公」二字冠其書，故未必如王明清所說乃曾高祖之說也；王氏又對王明清（1127～1215）《玉照新志》之「世傳《太公家教》，其書極淺陋鄙俚」觀點進行反駁。此文發布後，從此國人陸續認識和知道敦煌古籍與蒙書的重要價值。亦因此之故，反使這些掠奪敦煌古籍的侵略者們警惕，從此將有關敦煌資料秘閉不宣，研究敦煌學和敦煌蒙書的工作亦從此緩慢、停滯。

但此文《唐寫本〈太公家教〉跋》對敦煌訓蒙文獻之研究具啟發、開拓作用。〔註6〕且此跋文的提出，對當時敦煌訓蒙文獻和《太公家教》二者之間的研究亦起了指標性的作用。

---

〔註5〕王國維《唐寫本〈太公家教〉跋》《觀堂集林》；北京：中華書局，1959 年，第4 冊，頁 1012～1014。

〔註6〕王金娥撰：《敦煌學輯刊・敦煌訓蒙文獻研究述論》；2012 年第 2 期，蘭州，敦煌學研究所。頁 154～155。

　　針對各家對敦煌資料之研究和「敦煌學」如何成為當今國際漢學界之顯學，遡自 20 世紀初掀起廣泛研究之熱潮，敦煌所出經典涵括至廣，惟後亦有所散逸。其遭際詳情及中外學人努力研究之成績，細閱陳寅恪為陳垣先生所撰之〈敦煌劫餘錄序〉，可見一斑，其序有云：

> 　　一時代之學術必有其新材料與新問題，取用此材料以研求問題
> 則為此時代學術之新潮流，治學之士得預於此潮流者謂之預流（借
> 用佛教初果之名），其未得預者謂之未入流。此古今學術史之通義，
> 非彼閉門造車之徒所能同喻者也。敦煌學者今日世界學術之新潮流
> 也，自發見以來，二十餘年間，東起日本，西迄法英諸國，學人各
> 就其治學範圍，先後咸有所貢獻。吾國學者其撰述得列於世界敦煌
> 學者著作之林者，僅三數人而已。夫敦煌在吾國境內，所出經典又
> 以中文為多，吾國敦煌學著作較之他國轉獨少者，固因國人治學罕
> 具通識，然亦未始非以敦煌所出經典，涵括至廣，散逸至眾，迄無
> 詳備之目錄，不易檢校其內容，學者縱欲有所致力，而憑藉末由也。

〔註 7〕

　　從寅恪先生以上所言，可知敦煌學之研究，國人治學除罕具通識外，又苦於資料外流，更增研究之困難。不過，陳寅恪先生曾在清華大學授課的講義《敦煌小說選讀》裡面，就包括有蒙書《敦煌本〈太公家教〉書後》佚文一篇〔註8〕，此舉實為啟蒙當時莘莘學子，為他們埋下研究「敦煌學」的種子。

　　一九二五年，劉半農（1891～1934）從巴黎抄回一批語言文學資料；當時在北京圖書館所藏佛經中也有不少文學資料。因此，我國治敦煌學之學者，對於唐代俗文學和唐代韻書研究，乃有較大進步。一九三四年以後，王重民（1903～1975）和向達（1900～1966）分別在巴黎和倫敦，雖備受阻撓亦努力嘗試，最終各自攝取不少四部書和有關文學資料照片。但因抗日戰爭剛始，大多科學研究者避居到中國西南，因為戰亂而資料不通，使敦煌學的研究又暫停下來。

---

〔註 7〕陳垣撰：《敦煌叢刊初集第三冊——敦煌劫餘錄序》，新文豐出版公司。
〔註 8〕https://special.rhky.com/mobile/mooc/tocard/114639843?courseId=200836807&
　　　　name=十四%E3%80%80陳寅恪佚文《敦煌本%E3%80%88太公家教〉書後》
　　　　考釋&code=2003 年 9 月，張球會在友人胡文輝君的幫助下，於孔夫子舊書網
　　　　購得一冊 20 世紀 30 年代陳寅恪先生在清華授課時所用之講義——《敦煌小
　　　　說選讀》，此書即含陳氏該篇佚文。此佚文之內容將於本論文第四章第四節《太
　　　　公家教》命名之取義再進一步闡述。

　　王重民在巴黎和倫敦為北京圖書館選擇和攝製敦煌古籍影片時，曾經寫了一些題記，略記卷軸之起訖和內容。他將巴黎部分輯印為《巴黎敦煌殘卷敘錄》第一、二輯。王氏本沒有將倫敦部分印成專輯，後來才將倫敦和當時報刊上發表過，和沒有發表過的題記，再加上一九〇九到一九一七年間，諸學者對於敦煌四部書所寫題記，綜合一九二五年以後各報刊上有參考價值的論文發表，根據這些有關的參考資料，彙輯而成《敦煌古籍敘錄》。但是，《敦煌古籍敘錄》之題記並不包括以下所列：

1. 由於當時羅振玉、王國維整理題記時有糾正，較影印本遺書為佳，故《敘錄》乃採用羅、王整理本：《雪堂校刊羣書敘錄》、《觀堂集林》。
2. 由於寧武南氏校印的《劉師培遺書》本《敦煌新出唐寫本提要》，自注過繁，乃使用《國粹學報》第七卷內發表的資料。
3. 另外敦煌寫本或刻本韻書很多，其中有語言文字學專家周祖謨（1914～1995）將資料彙編為專書，為免重複，不收此類題記和論文。
4. 關於佛經、道經、單篇詩文、金石拓本的題記，也不收錄。〔註9〕

　　王重民《敦煌古籍敘錄》提供了早期 1907～1957 研究敦煌學的脈絡。先從斯坦因、伯希和，再轉入蔣斧、羅振玉、繼之有王國維、劉師培、曹元忠、繆荃孫，再接著有周祖謨、劉半農和王重民。若從以上學者的著作著手分析研究，可對敦煌學的研究發展找出其脈絡和系統。同時期，王重民的《太公家教考》，則對敦煌蒙書做了進一步的研究，不但補充證據，加強王國維的論點，又進一步探討《太公家教》的形制、性質、作者、流布情況，美中不足是其文並沒有詳記英、法及私人所藏敦煌遺書寫卷的編號和殘缺情況。稍後，王重民又在《敦煌古籍敘錄‧〈太公家教〉條》論述《太公家教》與《武王家教》之間的微妙關係，他以海外親見原本《六韜》為證據，論定《太公家教》源於《六韜》，是專取太公對文王說的話；而太公對武王說的話，則別纂成《武王家教》。

　　敦煌遺書《太公家教》在 1980 年前之研究者，還有 1949 年日人太田晶二郎（1913～1987）〈《太公家教》，《日本學士院紀要》第 7 卷第 6 號〉〔註10〕、1950 年王重民（1891～1984）〈《太公家教考》‧《周叔弢先生六十生日紀念論文

---

〔註9〕王重民著：《敦煌古籍敘錄》，北京，中華書局，1979 年 9 月，頁 3～6。
〔註10〕〔日〕太田晶二郎《太公家教》《日本學士院紀要》第 7 卷第 6 號；1949 年，頁 23～32。

集》）〔註11〕，1960 年日人入矢義高（1910～1998）《〈太公家教〉校釋》〔註12〕
和 1977 年蘇樺《太公家教——我國的古典兒童讀物之三》〔註13〕，在上述
學者努力下，從校釋、考證及介紹入手，對敦煌寫本《太公家教》研究做進
一步探索，如上述蘇樺所提其贊同王明清所說《太公家教》乃唐時村落間老
校書所為，而非姜太公之論點一例可知。以上研究雖對敦煌本《太公家教》
取得相當成績，亦為 1980 年前《太公家教》研究取得階段式代表性的成果。
另根據王金娥《敦煌訓蒙文獻研究述論》的揭示，此階段之敦煌訓蒙文獻研
究，總體上材料少，範圍小，研究對象比較單一，僅屬起步階段，其主要研
究範圍集中在《太公家教》，故可見此時期敦煌學術界尚未對其他敦煌訓蒙文
獻，展開大規模和更深入的研究。〔註14〕故二十世紀八十年代前，敦煌訓蒙
文獻研究受到相對的拘囿和限制，研究者亦暫限於臺灣和日本，《太公家教》
的研究形式仍大多側重於文獻介紹、輯錄和校勘。聯芳案：自 1909 年到 1980
年起步，敦煌學界之開始發展、蒐集、研究敦煌遺書，實屬於對敦煌寫本家
訓類蒙書的起步階段，在篳路藍縷、資料有限的困難中，非常佩服各學者專
家雖在如此窘況，仍以奮不顧身的態度，大膽嘗試和進行整理分析，此雖名
為起步階段，但今日回望敦煌學的發展，若非當時如此奮勇前進，今日敦煌
學未必可擁有如此亮麗的研究成績！

　　根據翟爾斯撰《敦煌叢刊初集第一冊》之英倫博物館漢文敦煌卷子收藏目
錄，和黃永武（1935～）撰之附件：〈英倫所藏敦煌未知名殘卷目錄的新探索
和敦煌六百無名斷片的新標目〉時，知敦煌資料從斯坦因 1919 年自中國返英，
到 1940 年翟爾斯教授在倫敦退休時歸類研究，大約有 8102 項，部分仍有待加
強考證。其編號 t 者已做成平面一覽表，但仍有許多標記星號*或未完全翻譯
者被標註，仍待進一步研究。〔註15〕要在此資料不全基礎上對《太公家教》做
研究，實出現相當的難度。

〔註11〕王重民（《太公家教考》·《周叔弢先生六十生日紀念論文集》）；香港：龍門書
　　　　店，1950 年，頁 69～76。
〔註12〕〔日〕入矢義高《〈太公家教〉校釋》《福井博士頌壽記念東洋思想論集》；1960
　　　　年，頁 31～60。
〔註13〕蘇樺《太公家教——我國的古典兒童讀物之三》；臺北：國語日報，1977 年 6
　　　　月。
〔註14〕王金娥撰：《敦煌學輯刊·敦煌訓蒙文獻研究述論》；2012 年第 2 期，蘭州，
　　　　敦煌學研究所。頁 154～157。
〔註15〕Dr.Lionel Giles：《敦煌叢刊初集第一冊》，新文豐出版公司。

　　接著曾任中興大學文學院院長的黃永武教授在《敦煌叢刊初集第一冊》的
專論〈英倫所藏敦煌未知名殘卷目錄的新探索上〉談到：

　　　　敦煌卷子中，由於有許多斷裂殘碎的情形，致使卷首卷尾失去
　　經卷的名目，成為未知名的殘卷。學者為求利用敦煌卷子做研究，
　　必須先將各卷編號，並加以標定目錄。英倫所藏的敦煌卷子，自斯
　　坦因氏編號以後，小翟理斯（1875～1958）（Lionel Giles）曾作《英
　　倫博物館漢文敦煌卷子收藏目錄》（1957），劉銘恕（1911～2000）
　　也曾作《斯坦因劫經錄》，輯入《敦煌遺書總目索引》（1962）。……
　　另日人大淵忍爾對《敦煌道經目錄》的編輯，及《大正大藏》第八
　　十五冊的輯成，亦對未知名殘卷做過一些考辨工作，……

　　　　《敦煌遺書總目索引》中劉銘恕所做的目錄，對於佛經、道經，
　　除原卷本有標題外，對未知名的殘卷，考出極少。〔註16〕

　　從上可知，學者們為求利用敦煌卷子做研究，必須先將各卷編號，並加以
標定目錄，但敦煌卷子中有許多斷裂殘碎的情形，致使卷首卷尾失去經卷的名
目，成為未知名的殘卷。可惜英、中、日三方面各自獨立，未能互相參考並加
以研究，對敦煌未知名殘卷的檢識，也只做了很小部分的辨明，至今還有許多
殘卷仍未能被考查出來，而對於敦煌蒙書或《太公家教》的研究也就更困難重
重。黃教授曾對當時英國小翟理斯所做的目錄有以下的看法：

　　　　至於小翟理斯的目錄，其查勘的精神及對卷子長度、紙色等記
　　錄詳盡固然令人欽佩，但是有待補正的地方仍不少，小翟理斯的目
　　錄可分三點來說：

　　　　一、是他已經查定經卷名目及章次的，這部分是他的最大貢
　　　　　　獻，……

　　　　二、是他未曾查定經名，卻推想歸入某一類經的，這部分錯誤
　　　　　　較多，……

　　　　三、其他未歸類的經卷，當然更無法辨認經名。〔註17〕

　　黃教授惟讚賞和欽佩小翟理斯對敦煌目錄的查勘精神及對卷子長度、紙
色等記錄的詳盡，但是也認為其目錄有待補正地方不少，因為小翟理斯目錄

---

〔註16〕黃永武：《敦煌叢刊初集第一冊。英倫所藏敦煌未知名殘卷目錄的新探索上》，
　　　　新文豐出版公司。P.1～3。
〔註17〕黃永武：《敦煌叢刊初集第一冊。英倫所藏敦煌未知名殘卷目錄的新探索上》，
　　　　新文豐出版公司。P.1～3。

雖經查定經卷名目及章次的,但其中仍有錯誤;未曾查定經名,卻推想歸入某一類經的部分錯誤較多,即使類別猜對,卻沒有經名卷次,這些錯誤亟待補正;更有其他未歸類的經卷,無法辨認經名。聯芳案:嚴格來說,黃教授的說法確實令人覺得可惜,中國文化要在異地研究,由外國人以封閉式的態度負責,其未臻完善之處可想而知,凡敦煌顯學或任何有關敦煌遺書材料的研究,如敦煌蒙書《太公家教》之類,其所面臨的問題和困難如何確切解決,實若登天之難。

黃教授曾苦心積慮並耗費極長時間,希望將詳目及分經索引編妥:

> 筆者年來因編輯《敦煌寶藏》,對於未知名殘卷的標目,成為編輯中的重點之一,由於疑經碎塊,以佛經道經為多,所以必須耗費極長的時間,檢視《大藏經》及《道藏》,每一碎塊都與原書校對,目前查出未知名殘卷,已在百分之九十以上,……〔註18〕

根據黃教授所述,其時對查出未知名殘卷,已在百分之九十以上,只待《敦煌寶藏》之全部輯成,其詳目及分經索引編妥,數以千計的斷卷或大都能重新綴聯,敦煌遺書的詳確目錄及索引即將大功告成,黃教授此舉對於「敦煌學」研究之付出,實乃一大功臣。

學問做得好必須集思廣益、積水成淵、積沙成塔,但各國據敦煌寶藏卻各自研究的現實下,實為研究「敦煌學」增添了阻礙和困難。誠如黃教授所言:

> 筆者憑藉《敦煌寶藏》,一開始沒有用小翟理斯的目錄,完全憑敦煌殘卷去查找源頭,……,例如是6980號解釋7599號,叫我百多塊個加上為藏辨認出來的無名碎片,以及其他各地所長的束華無名殘卷,得來前面苦工蠻力的訓練而順利地解決困難。〔註19〕

黃教授因編輯《敦煌寶藏》,所用的光陰和精力,因此積累的苦功夫和蠻功夫,為他帶來許多寶貴經驗與閱歷,這是黃教授對敦煌學付出和收穫。聯芳案:可惜的是,黃教授另外提出在小翟理斯和劉銘恕等未曾檢出的殘卷目錄中檢獲的小小新探索的成果,經查閱列舉後,並無相關《太公家教》的材料。

---

〔註18〕黃永武:《敦煌叢刊初集第一冊。英倫所藏敦煌未知名殘卷目錄的新探索上》,新文豐出版公司。P.1~3。

〔註19〕黃永武:《敦煌叢刊初集第一冊。英倫所藏敦煌未知名殘卷目錄的新探索上》,新文豐出版公司。P.1~3。

　　黃永武教授在《敦煌叢刊初集第一冊》的專論〈英倫所藏敦煌未知名殘卷目錄的新探索下〉又提出標目工作初步完成，但索引的編撰、提要的簡述、斷片的綴聯，都需在未知名殘卷查清後，才能有良好基礎。更說明在其探索中發現之四點，值得特別關注之處：

　　第一：由於目錄的查對，發現有些今本是不全的。

　　　　如《大正藏》第五十四冊收《法門名義集》一卷，從斯4913號的尋檢發見還有「人天昇降……如融冰也「等三十字，……，可見《大正藏》所收的《法門名義集》不是一個全本。

　　第二：由於目錄的查對，發現了漏列的資料。

　　　　例如：斯6196是一張《詩經》的殘卷，是〈大雅‧抑〉十二章及〈大雅‧桑柔〉篇，由於目錄不曾標出，所以許多研究敦煌《詩經》卷子的學者，未曾利用它。又如斯6551號是〈講唱押座文〉，也是由於目錄未標出，所以研究敦煌變文的學者，也未曾注意到。至於斯6691號背面……

　　第三：由於目錄的查對，發現輯佚常不完備。

　　　　例如《大正藏》八十五冊有「大乘入道次第開決」，所收是根據斯2463號，末尾雖註明「以下缺」，但不知缺文在哪裡？還有斯6915號……

　　第四：由於目錄的查對，發現了新的釋典。

　　　　例如斯6891號是《法華經義疏開題並玄義十門》，斯6494號可能是《妙法蓮華經論意》，斯6166可能是《心經釋義》，斯6348是《大佛頂如來頂髻白蓋陀羅尼神咒》等等，久已失傳的釋典甚多，有了新的標目，才容易一一檢出。

　　　　　但敦煌遺卷拼湊殘破，以致整理困難。就算劉銘恕殘卷查出不多，但亦有十三張。而小翟理斯窮畢生之力，費時三十七載，查出的雖較多，但仍有不少未知名的殘卷，為此二家目錄均未曾檢獲。黃氏編輯《敦煌寶藏》，重新一一尋檢，除尋獲小翟理斯分類時眾多的誤列，及斯6980號以後的殘卷為諸家所未曾編目者，當另有專文刊布，並條列經名卷次。〔註20〕

---

〔註20〕黃永武《敦煌叢刊初集第一冊。英倫所藏敦煌未知名殘卷目錄的新探索下》，新文豐出版公司，P.7～P10。

　　針對黃氏以上所提四點新探索，實為民國以來今人研究「敦煌學」之初步成果，亦是今日我研究敦煌寫本《太公家教》需要之基礎。如何能通過目錄的查檢，對比出古今本之不同，發現漏列資料，發現輯佚之不完備，發現新釋典，雖然有拼湊殘破資料和整理上的困難，但若能如陳寅恪先生所說的，任何些微的新發現或新資料都可以立為一功，故在敦煌寫本蒙書《太公家教》研究基礎上，更應秉持和效法黃氏精神，多做比對，破格求新。令人惋惜的是，敦煌學的起步階段從 1919 年至 1980 竟需 60 年之久。

　　令人振奮的是敦煌學在 1980 年後進入一個新階段，當時流散海外的敦煌學資料，開始以制成微縮膠卷形式或影印成書回流國內研究界，此階段之敦煌蒙書雖仍以《太公家教》為研究主線，但其他蒙書的研究業已經開始萌芽。

　　羅宗濤（1938～2018）於 1980 年發表《從敦煌寫本太公家教看啟蒙教育》〔註21〕，羅氏突破過往研究形式和深度，將敦煌遺書訓蒙文獻從介紹、輯錄、校勘跋文，發展為對教育方式、教育內容等理論性問題的關照和討論，其研究成果內容之豐富，成為此時期研究之新特色。羅宗濤在研究形式上的突破，以敦煌文獻本身觀照啟蒙教育，對文獻本體梳理進入縱深的觀照社會的理論研究〔註22〕，聯芳案：羅氏的創新開啟了此發展階段，敦煌相關論文研究幾達百餘篇，此種實質研究性推動成果，著實令學術界驚喜。

　　王重民 1984 年寫《〈太公家教〉跋》〔註23〕，王氏認為「是書為唐末五代時蒙童課本，曾普遍流行一時，故敦煌寫本甚多，然無一佳者。」王氏又提到王國維所引《輟耕錄》卷中所載金人院本名目中的《太公家教》並非真正「院本」，而是《千字文》一類之書；又以《元史·藝文志》中的女貞字《大公書》當為《太公家教》，認為女貞本《太公家教》通行於滿洲，漢文本應仍在中原流行；其文末還羅列敦煌所出各種古寫本《太公家教》的英、法存藏及卷號。聯芳案：王氏此數種說法：1. 認為太公家教為唐末五代時蒙童課本，曾普遍流行一時，故敦煌寫本甚多，然無一佳者；2. 引王國維說《太公家教》並非真正「院本」，而是《千字文》一類之書；3.《元史·藝文志》中女直字《大公書》

〔註21〕 羅宗濤《從敦煌寫本太公家教看啟蒙教育》《孔孟月刊》第 18 期；臺北：1980 年。

〔註22〕 王金娥撰：《敦煌學輯刊·敦煌訓蒙文獻研究述論》；2012 年第 2 期，蘭州，敦煌學研究所。頁 156。

〔註23〕 王重民撰寫《〈太公家教〉跋》·《敦煌遺書論文集》；北京：中華書局，1984 年。

當為《太公家教》通行於滿洲，漢文本仍在中原流行。王重民以上研究的提出，實突出當時過往只對文獻介紹、輯錄和校勘研究之圍，實可謂為創新之成績，此跋文從芸芸眾多的敦煌遺書中標點出來，賦予《太公家教》的歷史責任和中國儒家倫理道德思想的聯繫，實是《敦煌學》蒙學的重要標誌。

同年，高國藩（1933～）發表《敦煌寫本〈太公家教〉初探》〔註24〕，高氏以介紹《太公家教》寫本情況為切入點，認為該書於唐後期仍在甘肅廣為流傳，其內容大多「是民間諺語，文字粗俗，為當時文人所鄙夷，故只能以手抄本形式流傳。」高國藩又以羅振玉藏本為底本，參照其他 35 個寫本進行整理，校錄出一個全本附在文章後面，其目的只希望為後來的研究者提供方便；高氏還考證出《太公家教》的寫作時代是在安史之亂之後，認為「單純把《太公家教》看作是一個童蒙讀本是片面的，它不僅是唐以前民間諺語的匯集，亦是我國民間諺語的精華。」〔註25〕聯芳案：高國藩認為該書於唐後期在甘肅流傳，內容大多是民間諺語，文字粗俗，為當時文人所鄙夷，故只能以手抄本形式流傳。以此切入點推論，甚為合理，因為於唐安史之亂和滅佛運動之時，或許《太公家教》正因以手抄本的形式流傳，才可能存儲於敦煌密室，千年之後才有機會再見天日。

繼之，周鳳五在 1986 年陸續發表《〈太公家教〉研究》〔註26〕、《敦煌寫本太公家教（含武王家教）校勘記》〔註27〕、《敦煌寫本〈太公家教〉研究》〔註28〕、《太公家教重探》〔註29〕。周鳳五從《太公家教》的寫卷及內容，結合王國維《唐寫本太公家教・跋》和王重民《敦煌古籍敘錄》二篇作品，認為此書得名應由原本書中周武王與姜太公而來，「太公」為書中主人翁，所以書名冠名「太公」；更以《武王家教》所見太公、武王問答形式與兩漢以來《太

〔註24〕高國藩《敦煌寫本〈太公家教〉初探》《敦煌學輯刊》1984 年第 1 期；蘭州：頁 64～77。

〔註25〕王金娥撰：《敦煌學輯刊・敦煌訓蒙文獻研究述論》；2012 年第 2 期，蘭州，敦煌學研究所。頁 154～164。

〔註26〕周鳳五《〈太公家教〉研究》《古典文學》第 6 期；臺北：1984 年，頁 317～351。

〔註27〕周鳳五《敦煌寫本太公家教（含武王家教）校勘記》《鄭因百先生八十壽慶文史論文集》，臺北：臺灣商務印書館，1985 年，頁 513～558。

〔註28〕周鳳五《敦煌寫本〈太公家教〉研究》；臺北：明文書局，1986 年。

〔註29〕周鳳五《太公家教重探》《漢學研究》第 4 卷第 2 期；臺北：1986 年，頁 355～377。

公書》的基本形式一致為呼應，依此探討《太公家教》的得名問題。〔註30〕聯芳案：周氏結合王國維《唐寫本太公家教・跋》和王重民《敦煌古籍敍錄》之說法，認為此書得名由周武王與姜太公而來和太公、武王問答形式，上述二說法相互呼應，「太公」既為書中主人翁，故書名便冠名「太公」。惟此說亦有不同版本之意見，見本論文第一章第二節和第四章第四節所論述，依吾所見，其得名應為唐鄉村老校書或更恰當。

還有 1986 年朱鳳玉《敦煌寫本〈太公家教〉研究》〔註31〕、汪泛舟（1934～）《〈太公家教〉考》〔註32〕、《〈太公家教〉考補》〔註33〕；1987 年胡同慶《〈太公家教〉與〈增廣賢文〉之比較》〔註34〕；1988 年《〈太公家教〉別考》〔註35〕；戴密微（Demieville，Paul）（1894～1979）撰、廖伯源（1945～2021）、朱鳳玉合譯《〈王梵志詩附太公家教〉引言》，以上諸作均從《太公家教》寫本概況、內容、性質等不同角度對《太公家教》進行考證、研究。

1991 年鄭阿財發表《敦煌蒙書析論》，深入探討敦煌遺書中的訓蒙教材，並分析敦煌蒙書之特質為：1. 顯現中晚唐五代時期敦煌地區胡漢交融的文化特色；2. 敦煌蒙書大多編者無考、史志不錄、後世罕傳，且常用之蒙書多有合抄，大多為寺院學仕郎所作。鄭氏此書考鏡蒙書發展源流，研究價值甚高。〔註36〕

《名作欣賞》2016 年第 30 期收錄劉爽發表的論文《敦煌寫本家訓類蒙書的研究綜述》，他指出敦煌蒙書從 1980 年到 1999 年此階段的發展成果內容豐富，該時期有敦煌相關論文達百餘篇。研究範圍逐漸拓寬，且中、日、臺有論文開始以《太公家教》作為發展主線，其中尤以臺灣的周鳳五先生和鄭阿財為先驅，關於當時敦煌蒙書的發展與態度，如下：

〔註30〕 王金娥撰：《敦煌學輯刊・敦煌訓蒙文獻研究述論》；2012 年第 2 期，蘭州，敦煌學研究所。頁 154～157。

〔註31〕 朱鳳玉《敦煌寫本〈太公家教〉研究》《漢學研究》第 4 卷第 2 期；臺北：1986 年，頁 389～408。

〔註32〕 汪泛舟《〈太公家教〉考》《敦煌研究》；1986 年第一期，頁 48～55。

〔註33〕 汪泛舟《〈太公家教〉考補》《蘭州學刊》1986 年 6 期；蘭州。

〔註34〕 胡同慶《〈太公家教〉與〈增廣賢文〉之比較》《敦煌研究》；1987 年第 2 期，頁 51～57。

〔註35〕 汪泛舟《〈太公家教〉別考》《敦煌語言文學研究》；北京：北京大學出版社，1988 年，頁 240～247。

〔註36〕 鄭阿財：《敦煌蒙書析論》・《第二屆敦煌學國際研討會論文集》；臺北：漢學研究中心，1911 年，頁 211～234。

　　20 世紀 80 年代以後，敦煌學發展國際化，流散到海外的敦煌
　　學或製微縮膠卷或影印成書得以進入國內研究界。臺灣鄭阿財認為，
　　「敦煌文學的研究，取決於材料的有無。敦煌文學概念與範疇歷來
　　寬窄不一，範疇寬窄直接影響研究材料的多少。1980 年羅宗濤《從
　　敦煌寫本看啟蒙教育》的發表，表明了家訓類研究從基礎性的文獻
　　研究擴展到對教育方式、教育內容等方面的關照和研究。〔註37〕

聯芳案：從以上論文的內容和研究成果，可見不止周鳳五，還有鄭阿財、朱鳳玉和羅宗濤等其他敦煌學者專家們所進行的敦煌蒙書研究方向業已繽紛開展，從此敦煌蒙書研究的發展範圍已經開始慢慢深入拉闊，敦煌蒙書發展的影響將進入更生活化、更現代化的未來，此舉亦真正拉近了敦煌學、敦煌蒙書和人民的距離。

　　另根據劉爽對敦煌寫本家訓類蒙書三方面的綜述分類，即撰寫跋文、專題研究論文和關於家庭啟蒙教育方面的論文著作，亦值得關注和側面觀察近代敦煌蒙書寫本《太公家教》的延續研究進程和成果，如下：

　　1. 大陸學者王重民撰寫有關《〈太公家教〉跋》的跋文

　　2. 專題研究《太公家教》論文

　　高國藩《敦煌寫本〈太公家教〉初探》、周鳳五《太公家教研究》、《敦煌寫本太公家教（含武王家教）校勘記》、《敦煌唐寫本太公六韜殘卷研究》、《敦煌寫本太公家教研究》、《太公家教重探》、朱鳳玉《敦煌寫本〈太公家教〉研究》、汪泛舟《〈太公家教〉考》、《〈太公家教〉別考》、周丕顯（1935～）《敦煌「童蒙」、「家訓」寫本之考察》、戴密微撰，廖伯源、朱鳳玉合譯《〈王梵志詩附太公家教〉引言》等。聯芳案：雖然高國藩和周鳳五都曾在著作後，附上寫本的部分影印本，提供了較為表面的研究，卻並未能將各版本做深入的比勘和注解，雖然周鳳五、高國藩、汪泛舟等都有自己對《太公家教》的整合版，但本人卻認為原汁原味之「敦煌遺書」《太公家教》，才更顯出其時代性和民族性。

　　3.《太公家教》與家庭啟蒙教育方面有關的論文著作

　　羅宗濤著《從敦煌寫本太公家教看啟蒙教育》、汪泛舟《敦煌儒家蒙書與意義略論》、《敦煌童蒙讀物》、鄭志明（1957～）《敦煌寫本家教類的庶民教育》、林隆盛《敦煌童蒙讀物初探》、鄭阿財《敦煌蒙書析論》等。聯芳案：以

─────────────

〔註37〕劉爽，華僑大學碩士研究生：《敦煌寫本家訓類蒙書的研究綜述》；https://www.docin.com/p-1933270502.html

上各書都針對敦煌遺書《太公家教》的材料做了較為深入探討，考察源流、分析特質的研究，進一步將《太公家教》推上了研究敦煌蒙書的浪尖。

進入千禧年後，海峽兩岸學界對敦煌蒙書《太公家教》的發展與變化，已如雨後春筍，如：汪泛舟《敦煌古代兒童讀本》、張求會《陳寅恪佚文〈敦煌本《太公家教》書後考釋〉》、王金娥《唐代敦煌的民間教育及特點探賾》、趙跟喜（1952～）《敦煌唐宋時期的女子教育初探》、趙楠《從敦煌遺書看唐代庶民教育》、張弓主編《敦煌典籍與唐五代歷史文化》探討蒙書的著錄於分類更探討《太公家教》的性質內容和蒙書地位等。另外還有中央民族大學黃金東的碩士學位論文《唐五代時期敦煌地區童蒙教育研究》、蘭州大學韓鋒《敦煌本儒家文獻研究》、張波碩士學位論文《唐五代敦煌地區的家庭研究》、葉子龍教育碩士學位論文《唐代詩人的家庭教育研究》；還有臺灣蔡馨慧《唐代敦煌寫本〈太公家教〉的儒家德育思想探析》，鄭阿財和朱鳳玉合編《敦煌蒙書研究》一書等等。〔註38〕聯芳案：敦煌蒙書《太公家教》的發展雖似雨後春筍，但仍限制於材料，直至愈來愈多日本學者發佈有關「敦煌學」的文章，包括《太公家教》的研究才有進一步的突破。例如：日本學者黑田彰教授，是第一位將所有英、法《太公家教》敦煌遺書寫本內容全部揭露和影印在書後，此舉實幫助我們對研究《太公家教》再不是「隔靴搔癢」。

另外還有鄧文寬（1949～）、王利器（1912～1998）、唐長孺（1911～1994）等學者，亦對敦煌寫本的其他蒙書做出相關研究，惟本論文僅針對《太公家教》作整體研究，暫而略之，期日後有機再能綜合各家學者研究，進行比較論述。所以說敦煌學研究範圍的擴展、形式的多樣化、內容的深入，似乎讓我們可以看到《太公家教》正在迎接第二個春天，希望愈來愈多的學者專家和研究生願意選擇敦煌家訓類蒙書的研究作為學位或論文的課題，更希望這一股蓬勃的力量真正能為敦煌學的研究和家庭教育研究的發展注入新的生機。

## 第三節　二十世紀以來日本學人對敦煌寫本蒙書《太公家教》之研究

1909 年當羅振玉致函京都大學教授內藤湖南（1866～1934），敘述法國伯

---

〔註38〕劉爽，華僑大學碩士研究生：《敦煌寫本家訓類蒙書的研究綜述》；https://www.docin.com/p-1933270502.html

希和在北京公宴時所揭露敦煌寫本的情況，日本的敦煌學研究也跟著揭開序幕，當時引起日本極大的關注，立即派五人團訪京。1909 年 11 月，日人田中慶太郎和內藤湖南分別發表《敦煌石室中的典籍》和《敦煌石室發見物》，讓人訝異的是，僅稍後日本人竟出版了世界第一部以整理敦煌文獻的著作《惠超傳箋釋》。

根據高明士（1940～）《唐代敦煌的教育》的考證，最早開始利用敦煌文獻來探討敦煌教育者為日本學者那波利貞（1890～1970），他在 1942 年發表《唐抄本雜抄考──唐代庶民教育史研究の一資料》提出由庶民教育觀點分析《雜抄》價值、教材及從事抄寫工作者的學生、學士、學郎、學仕郎等的名稱，以反映其當時庶民教育。〔註 39〕聯芳案：日本學者那波利貞的此份研究《唐抄本雜抄考──唐代庶民教育史研究の一資料》的重要性，除可反映當時庶民教育之一斑，後更有學者藉敦煌遺書上抄寫者的署名學生、學士、學郎、學仕郎等名稱，推算出該敦煌遺書之抄寫年代，此舉不可不謂甚具新思維之作。

日本初期對敦煌文獻的研究，主要集中於佛教和佛經，鮮有涉及敦煌蒙書的研究，更不用說對家訓類蒙書的研究，直到 1949 年太田晶二郎發表《太公家教》，1950 年入矢義高撰《太公家教校釋》，從此才對敦煌家訓類蒙書的研究有了開端。

由於日本一直都把主要精力投放於對佛教經典，開始時對蒙書極少涉獵，宏觀上尚未形成對家訓類蒙書大規模和深入的研究，僅有為數不多的學者致力於此，此時有游佐升（1950～）《敦煌文獻童蒙庶民教育倫理──以王梵志詩、太公家教為中心》、伊藤美重子《敦煌寫本〈崔氏夫人訓女文〉》、東野治之（1946～）《訓蒙書》等，感覺上日本似乎仍未對敦煌蒙書予以重視。

在 2020 年 3 月 31 日，京都大學人文科學研究所，中國中世寫本研究會發表《敦煌寫本研究年報》第十四號，其中有浙江大學歷史系劉進寶教授（1961～）撰文之〈日本所藏敦煌文獻的來源及真偽──讀高田時雄（1949～）《近代中國的學術與藏書》劄記〉一文，除了介紹近代當時得令的日本國際著名敦煌學家高田時雄教授，其著作側重日本學者搜尋敦煌文獻的艱難歷程、日本所藏敦煌文獻來源、數量和真偽考辯等方面的探究，更進一步揭露敦煌遺書《太

---

〔註39〕高明士《唐代敦煌的教育》，《漢學研究》第 4 卷第 2 期，1986 年，頁 231～270。

公家教》在日本的實際研究情形。歷來有《明治四十三年（1910）京都文科大學清國派遣員北京訪書始末》、《探求敦煌寫本——日本學者的歐洲訪書行》、《內藤湖南的敦煌學》、《清野謙次搜集敦煌寫經的下落》、《羽田亨與敦煌寫本》、《日藏敦煌遺書的來源與真偽問題》、《李滂與白堅》、《俄國中亞考察團所獲藏品與日本學者》等。聯芳案：從以上學術史論文，皆針對與揭露日藏敦煌文獻長期懸而未決的問題，該書進行了認真探索、提出新資料，最後結集為日人如何對研究敦煌學極有指標意義的《近代中國的學術與藏書》，此書亦明白日人如何為獲取他國文化之積極和治學態度之認真，同時發現日本學者研究「敦煌學」的方向，不再侷限於佛經，亦發布有關敦煌蒙書《太公家教》之論文，如：1960 年，入矢義高撰，〈《太公家教》校釋〉；1979 年，松尾良樹《音韻資料——〈太公家教〉》；2001 年，伊藤美重子撰，《敦煌寫本〈太公家教〉的學校》；2003～2005 年，黑田彰著，《古代幼學書基礎的研究》；2006 年，黑田彰撰，〈音讀幼學——《太公家教》〉；2006 年，黑田彰著，〈《太公家教》攷〉；2006 年，岡田美穗撰，〈《太公家教》的諸本生成的流動〉；2006～2008 年，黑田彰、趙超、陳齡著，《古代幼學書發展的研究》；2009 年，黑田彰撰，幼學會編，《〈太公家教〉注解》；2009 年，黑田彰著，《大谷文書〈太公家教〉——〈太公家教〉攷·補》；2010 年，三木雅博介紹《幼學會編著〈太公家教〉注解》；2010～2012 年，黑田彰著，《古代幼學書綜合的研究》；2011 年，黑田彰撰，〈《太公家教》攷·補（二）〉；2011 年，黑田彰著，《屏風、酒壺見幼學——〈太公家教〉特集》；2012 年，黑田彰撰，〈拔取敦煌文書——何彥昇、桌威之《太公家教》攷·補（三）〉等，對敦煌遺書之研究結果均值得我輩學習和借鏡。

看到歷年來日本學者在敦煌蒙書《太公家教》的成果，覺得非常值得關注和必須在此撰文一提的是，在研究本世紀日本學人對敦煌寫卷本蒙書《太公家教》之前，我們必需要先同步了解究竟如何在歷史的洪流中，日本學者專家如何努力，如何克服英國翟理斯的無理取鬧？為甚麼中、日學者專家皆向歐洲取材，但是日本學者如何打破僵局和建立與敦煌遺書的關係，那份文化的淵源是如何展開？為什麼當時南開大學歷史研究所所長吳廷璆教授介紹日本學者藤枝晃時竟以「敦煌在中國，敦煌學在日本」為例呢？為此，劉進寶教授有言：

> 日本是除巴黎、倫敦、聖彼得堡和北京四大敦煌文獻收藏中心外，藏有敦煌文獻數量最多的國家。日本所藏的敦煌吐魯番遺書，

除由大谷光瑞探險隊帶回日本的外，其他藏品由於其來源比較神秘，基本上都是由日本書商做中介，從中國的書商那裡收購而來的。學術界也曾有過真偽的質疑，如京都大學的藤枝晃教授（1911～1998）曾說過，日本所藏敦煌遺書，百分之九十以上都是假的。……〔註40〕

劉進寶教授又提到：

日本的敦煌學研究起步較早，可以說幾乎與中國同步。當1909年伯希和在北京與中國學者羅振玉等接觸後，引發了中日敦煌學的熱潮，也被譽為敦煌學的起始〔註41〕，……。當時長駐北京的日本漢籍書店「文求堂」主人田中慶太郎是最早公開報導伯希和1909年北京之行的人。

……稍後有了影響深遠的五教授赴北京訪書事件，即狩野直喜（1868～1947）、小川琢治（1870～1941）、內藤湖南三位教授和富岡謙藏（1873～1918）、濱田耕作兩位講師到北京調查敦煌遺書。……

〔註42〕

劉進寶教授又引《敦煌學五十年》作者神田喜一郎（1897～1984）所記載：

在京都五教授赴北京訪書時，還有一位瀧精一博士（1873～1945）是受國華社派遣到北京的，基本上與京都五位先生一起工作。……，後來瀧博士的弟子松本榮一博士（1900～1984）繼承了敦煌畫領域的研究。〔註43〕

按照劉進寶教授對於1910年，日本派遣五位教官赴北京調查敦煌文獻的活動，評論其不但開創了日本學者早期赴各國進行「搜寶式」調查文獻的先河，更引用高田時雄之言曰：

---

〔註40〕劉進寶撰：〈日本所藏敦煌文獻的來源及真偽——讀高田時雄《近代中國的學術與藏書》劄記〉發表於京都大學《敦煌寫本研究年報》，京都大學人文科學研究所中國中世寫本研究會，2020年3月31日，p.119～127，https://doi.org/10.14989/DunhuangNianbao_14_119。

〔註41〕詳見劉進寶主編；《百年敦煌學：歷史·現狀·趨勢》，蘭州：甘肅人民出版社，2009年。

〔註42〕劉進寶撰：〈日本所藏敦煌文獻的來源及真偽——讀高田時雄《近代中國的學術與藏書》劄記〉發表於京都大學《敦煌寫本研究年報》，京都大學人文科學研究所中國中世寫本研究會，2020年3月31日，p.119～127，https://doi.org/10.14989/DunhuangNianbao_14_119。

〔註43〕神田喜一郎著；《敦煌學五十年》，高野雪、初曉波、高野哲次譯，北京：北京大學出版社，2004年，p.18。

不僅使敦煌學的開拓事業前進了一大步，日本派遣活動的間接
結果，還對其後敦煌學的發展產生了巨大的影響。〔註44〕

雖然1910年當時敦煌古書中最珍貴的部分已被斯坦因和伯希和帶走，但是後
來經揭露才知道，運回北京學部的敦煌古書，其中特別珍貴的文物在途中更早
地被盜一空，僅餘的五六千卷已不是那麼珍貴的佛典了。

劉教授又提到：

日本所藏敦煌文獻，以羽田亨（1882～1955）舊藏最為大宗，
由於這些藏品的主體來自李盛鐸舊藏（編號1～432），真實可靠，長
期受到敦煌學者的關注。〔註45〕

又：

1919年9月20日，王國維致信羅振玉說：「李氏諸書，誠為千
載秘笈，聞之神往。〔註46〕

由於李盛鐸（1859～1937）所收藏敦煌寫本之來源可靠，故一直在散藏
敦煌文獻中最受人關注。李盛鐸曾於光緒二十四年至二十七年（1899～1902）
任駐日公使，光緒三十一年（1906）任命為駐比利時欽差大臣，但晚年卻由
於訴訟產生債務問題，需要金錢周轉而欲出售所藏敦煌寫本。去世後由其第
十子李滂委託白堅（1911～1968）代表處理，因李滂生母為日本人橫溝菊子，
依鄉情濃的他最終決定將此批敦煌藏品賣給日本人，當時提供資金購買的是
大阪經營製藥公司武田長兵衛。對於這批數量龐大，研究價值甚高「最後的
寶藏」〔註47〕，結果竟是流落異鄉，何其唏噓。

根據劉進寶教授在轉述高田時雄在《李滂與白堅——李盛鐸舊藏敦煌寫
本流入日本之背景》的描述，1936年原由李盛鐸所藏敦煌寫本432件，當時

---

〔註44〕劉進寶撰：〈日本所藏敦煌文獻的來源及真偽——讀高田時雄《近代中國的學
術與藏書》劄記〉發表於京都大學《敦煌寫本研究年報》，京都大學人文科學
研究所中國中世寫本研究會，2020年3月31日，p.120，https://doi.org/10.14989/
DunhuangNianbao_14_119。

〔註45〕劉進寶撰：〈日本所藏敦煌文獻的來源及真偽——讀高田時雄《近代中國的學
術與藏書》劄記〉發表於京都大學《敦煌寫本研究年報》，京都大學人文科學
研究所中國中世寫本研究會，2020年3月31日，p.121，https://doi.org/10.14989/
DunhuangNianbao_14_119。

〔註46〕王國維著：《觀堂書劄》，《中國歷史文獻研究集刊》第一集，長沙：湖南人民
出版社，1980年，第37頁。

〔註47〕榮新江：《追尋最後的寶藏——李盛鐸舊藏敦煌文獻調查記》，劉進寶、高田時
雄主編《轉型期的敦煌學》，上海：上海古籍出版社，2007年，P.15～32。

直接轉入京都大學教授羽田亨處。1938 年 11 月，羽田亨任京都大學校長，仍
將其保存在校長室。一直到 1942 年這段期間，在大阪製藥商武田長兵衛長期
出資支持下，羽田亨一直都竭盡全力為其收集各方敦煌文獻，故其所藏敦煌寫
本豐富，有來自高楠順（1866～1945）次郎、富岡謙藏、清野謙次（1885～1955）
及其他私家舊藏，從而「形成日本國內最為豐富的敦煌寫本收藏」。1945 年為
世界二戰末期，為避免戰火將敦煌藏品轉藏兵庫縣，除李盛鐸舊藏外，還有其
他寫本，共計 736 件。這些都是羽田亨不斷的通過各種渠道所購入的敦煌遺
書，而其所收集的這些敦煌寫本也就是今日杏雨書屋的收藏。因這批敦煌文獻
的所有權歸屬於出資的武田家族，一併收藏於武田的個人文庫「杏雨書屋」，
1977 年，武田長兵衛將原「杏雨書屋」藏書全部捐贈給武田科學振興財團管
理。2009～2013 年，日本大阪財團法人武田科學振興財團杏雨書屋又以《敦
煌秘笈》為名刊布了這批文獻。共 758 號（實際共編 775 號，缺 486～500、
714、724 等 17 個號），分「影片冊」9 冊和「目錄冊」1 冊，此即杏雨書屋的
源由和始末。

　　話說將中國國寶——敦煌遺書轉售日本圖利出賣中國的禍首，不得不提
的是白堅，早年畢業於早稻田大學，卻以轉賣獲利出售國家寶藏為榮，與他曾
交手的日本人有田中慶太郎、中村不折、武居綾藏和內藤湖南等。坦白說，每
當讀到敦煌藏品輾轉流失的這段經過，內心深處對此不公不義之舉實憤懣填
胸，更對李盛鐸、李滂和白堅等人家國大義不分而不屑。

　　劉進寶以向達《記倫敦所藏的敦煌俗文學》〔註48〕、王重民《英倫所藏敦
煌經卷訪問記》〔註49〕和矢吹慶輝（1879～1939）《鳴沙餘韻解說後記》，綜合
論述：當年閱讀英藏和法藏敦煌文書，日本學者和中國學者向達、王重民等人
曾遇到相同問題，因當時在法國讀法藏敦煌寫本會比在英國讀英藏敦煌寫本
相對容易，在法國各學者專家會受到禮遇接待，相比在英國卻處處受到刁難與
限制。對於當中因由的關鍵，直到日本學者矢吹慶輝說出他在英、法的經驗，
高田時雄才因此得到進一步的解答。矢吹慶輝曾在 1916 年 6 月到 11 月，遠赴
英國調查倫敦的敦煌寫本，獲得當時的斯坦因和他的助手洛裏默（Lorimer）
特殊優待，其研究工作進行順利，矢吹慶輝甚至可以借到書庫、書架的鑰匙，

---

〔註48〕向達：《記倫敦所藏的敦煌俗文學》，原載 1937 年《新中華雜誌》第五卷第 13
　　　　號。此據《唐代長安與西域文明》，P.240。
〔註49〕王重民：《英倫所藏敦煌經卷訪問記》，原載 1936 年 4 月 2 日《大公報‧圖書
　　　　副刊》。此據王重民《敦煌遺書論文集》，北京，中華書局，1984 年，P.1～2。

自由地拿出他喜歡的寫本閱讀，六個月期間，矢吹調查了斯坦因所藏的數千件古寫本，他主要搜集古逸未傳的佛教書籍，亦同時涉獵古寫經和古文書，為珍貴的寫本拍攝無底片黑白照片，同時進行調查和鑑定寫本，根據書中所述及這段時間的研究經驗讓矢吹慶輝感到非常的愉快。

　　從 1919 年翟理斯（Dr.Lionel.Giles）掌管斯坦因所獲敦煌文書後，情況開始發生極大的變化。當矢吹慶輝於 1920 年再次向英國博物館提出申請，計畫將第一次調查研究未能拍攝的三千餘葉全部拍攝時，結果英方只允許拍攝五十餘葉。英國博物館東方部當時提出的解釋是：

> 收藏品屬於大英博物館，斯坦因去了克什米爾，寫本已轉交由翟理斯保管，同時所有管理編號已全部被更換了。翟理斯正整理研究這些寫本，目前禁止公開寫本，同時禁止隨便拍攝任何照片。〔註50〕

　　大正十一年（1922）10 月，矢吹慶輝再次前往英國，雖然「博物館方仍依規定作為擋箭牌，拒絕矢吹拍攝照片。」在高田時雄《近代中國的學術與藏書》第 99 頁提到，「矢吹慶輝以利誘加威脅地與翟理斯協商：自己所掌握的佛教專業知識，對整理工作裨益良多，並表明願意無償協助整理。否則，將來目錄完成的時候，他可能會提出很多的批評，如果現在能合作，就可避免不必要的麻煩。」竟是這樣的威脅利誘，翟理斯才接受他的協助，這舉動令矢吹慶輝達到個人目的。矢吹慶輝因此拍攝了「六千多張無底片黑白照片」；成果的另一部分是《鳴沙餘韻》；完成矢吹自己的研究著作《三階教的研究》。

　　高田時雄又從羽田亨《中亞史研究資料の探訪》〔註51〕的論述總結，發現英方一直阻礙中、日學者調查研究英藏敦煌寫本的始作俑者就是翟理斯，當時被阻撓的中國學者專家有向達、王重民；日本學者先後有矢吹慶輝、羽田亨、內藤湖南、其長子內藤乾吉（1899～1977）、弟子石濱純太郎（1888～1968）、女婿鴛淵一（1896～1983），這些人皆被翟理斯和東方部主任巴尼特敷衍或找藉口拒絕。高田時雄最後評論：由於負責編目的翟理斯或因工作進度緩慢，加上其人態度封閉，所以成為阻礙英藏敦煌文獻全面公開的主因。在《近代中國的學術與藏書》的 105 頁，高田更為翟理斯之行為做了註腳：

---

〔註50〕矢吹慶輝：《鳴沙餘韻解說後記》，東京：岩波書店，1933 年，第 14～19 頁。轉引自高田時雄《近代中國的學術與藏書》，P.97～98。

〔註51〕羽田亨《中亞史研究資料の探訪》，原載《學燈》第 40 期第 9 號，1936 年 9 月 6 日。亦轉引自高田時雄《近代中國的學術與藏書》，P.101。

　　從學術史的角度而言，斯坦因的寫本整理進度緩慢，在一定程度上阻礙了敦煌學的發展。

　　日本學人自北京五人訪書團後，前仆後繼的展開對敦煌寫本的研究和調查，如羽田亨原來更早地在大正八年（1919）7 月 26 日開始，已多次赴美、英、法、丹麥出差，一直都因利乘便調查敦煌寫本，期間更多次與法國伯希和書信聯繫，伯希和甚至允許將其保存寫本讓羽田亨帶回住所進行研究；羽田亨曾將其寫本拍攝成照片帶回日本，後又與伯希和合作出版《敦煌遺書》；羽田亨又抄錄伯希和的目錄，帶回日本後複製送同輩學人，此為後來曾發表於《國學季刊》第一卷第四期（1923）和第三卷第四期（1932），由羅福萇翻譯的《巴黎圖書館所藏敦煌書目》。

綜觀日本歷來所獲敦煌遺書材料如下：

| 1916 | 矢吹慶輝 | 英國 | 調查數千件古寫本，搜集古逸未傳佛教典籍，涉獵古寫經和古文書，並為珍貴寫本拍攝無底片黑白照片。 |
|---|---|---|---|
| 1919 | 羽田亨 | 法國 | 拍攝伯希和大部分的寫本，合作完成《敦煌遺書》，抄錄伯希和的目錄，即《巴黎圖書館所藏敦煌書目》。 |
| 1920 | 矢吹慶輝 | 英國 | 只允許拍攝 50 餘葉。 |
| 1922 | 矢吹慶輝 | 英國 | 6000 多張無底片黑白照片。 |
| 1924～1925 | 內藤湖南 | 英國 | 翻閱大約一百三四十卷文書，僅十餘種古書批准拍攝。 |
|  |  | 法國 | 閱覽法國國家圖書館所藏敦煌遺書三百二十餘件；特許閱覽伯希和私宅尚在整理敦煌古書三百三四十件；總計閱讀了六百七十件文書，並選其中近百件拍攝了照片。 |
| 2009～2013 | 杏雨書屋 |  | 《敦煌秘笈》揭露共獲中國敦煌文書 758 號（實際共編 775 號，不明為何缺 486～500、714、724 等 17 個號，分「影片冊」9 冊和「目錄冊」1 冊。 |

　　上表列述日本自 1910 年開始，在中國和日本學者出訪歐洲調查所獲得的敦煌遺書材料和拍攝照片等，以敦煌寶藏稀少而珍貴來說，日本學者的收穫非常豐碩。

　　聯芳案：了解以上始末，根據榮新江先生闡述，原來大陸敦煌學剛起步之時，曾有南開大學歷史研究所所長吳廷璆教授在 1981 年 5 月介紹日本學者藤枝晃於西北師範學院演講時，為讓大家重視這位陌生的敦煌學家，曾說「敦煌在中國，敦煌學在日本」，此話當時一傳開，曾令許多充滿愛國主義熱情的中

國學者不滿。但我們若是不明就裡地因上述之言語譴責此說狂妄自大，原來亦有欠公道。緣從高田時雄《近代中國的學術與藏書》和劉進寶〈日本所藏敦煌文獻的來源及真偽——讀高田時雄《近代中國的學術與藏書》劄記〉兩書，兩位學者的著作通過細致的考辨和宏觀的論述，揭開真相；高田時雄善用資料，通過日本學者在歐洲搜尋敦煌寫本的歷程，清晰追溯日本學者自 1910 年北京訪書五人團後，如何鍥而不捨地追尋敦煌寫本的研究脈絡，令人不得不佩服的是身為亞洲人的日本學者竟無畏於翟理斯的無理傲慢，善用迂迴的外交技巧、以耐心與熱情去威脅或利誘來達其目的。高田時雄《近代中國的學術與藏書》第 99 頁提到，「矢吹慶輝利誘加威脅地與翟理斯協商，使翟理斯接受他的協助，以達到其目的，這一目的結果成功拍攝了「六千多張無底片黑白照片」；成果的另一部分是《鳴沙餘韻》；完成個人著作《三階教的研究》。矢吹慶輝之成就乃教導我們明瞭，原來獲取學術研究材料亦需要相當的技巧、耐心和熱情，而日本學者對敦煌學的成就，實在是下過一番努力，令人不可小覷，但是今日中國敦煌研究院和海峽兩岸敦煌學者所做的努力，實為努力『敦煌在中國，敦煌學亦在中國』。

從以上資料，明白日本學者獲得相關敦煌遺書和寫本《太公家教》資料的來龍去脈。本人曾於 2018 年 3 月 27 日，親自到日本東京國立國會圖書館查找資料，在日本東京國立國會圖書館蒐集有關本世紀日本學人對敦煌寫本《太公家教》研究之書冊，當時所查共計十五種，惟有四本藏於 KSK 圖書館，地處偏遠未能調閱，茲按當時資料發佈先後，編年排列如下：

1. 入矢義高撰，〈《太公家教》校釋〉，收錄於《東洋思想論集：福井博士頌壽記念》之論文集刊行會，1960 年。

2. 松尾良樹撰《音韻資料——〈太公家教〉》，東京，東京外國語大學言語文化研究所，1979 年。

3. 伊藤美重子撰，《敦煌寫本〈太公家教〉的學校》，日本茶水女子大學中國文學會報第 20 號，東京，和漢比較文學會，2001 年 4 月。

4. 黑田彰著，《古代幼學書基礎的研究》，佛教大學，2003～2005。原著收藏於日本 kansai-kan（Asian Stacks）KSK 圖書館。

5. 黑田彰撰，〈音讀幼學——《太公家教》〉《文學》隔月刊第七卷第 2 號，東京，岩波書店，2006 年 3、4 月，39～54 頁。

6. 黑田彰著，〈《太公家教》攷〉，刊於《日本敦煌學論叢》第一卷，東京，比較文化研究所，2006 年 10 月 19 日第一版第一刷發行，1～76 頁。

7. 岡田美穂撰，〈《太公家教》的諸本生成的流動〉，《中京大學文學部紀要》第四十一卷第 2 號，名古屋，中京大學文學部，2006 年 12 月，110～142。

8. 黑田彰、趙超、陳齡著，《古代幼學書發展的研究》，佛教大學，2006～2008 年。原著收藏於日本 kansai-kan（Asian Stacks）KSK 圖書館。

9. 黑田彰撰，幼學會編，《《太公家教》注解》，東京，汲古書院，2009 年 3 月。

10. 黑田彰著，《大谷文書〈太公家教〉──〈太公家教〉攷・補》，2009 年 3 月。

11. 三木雅博介紹《幼學會編著〈太公家教〉注解》，2010 年 2 月。

12. 黑田彰著，《古代幼學書綜合的研究》，佛教大學，2010～2012 年。原著收藏於日本 kansai-kan（Asian Stacks）KSK 圖書館。

13. 黑田彰撰，〈《太公家教》攷・補（二）〉《杏雨書屋本太公家教》2011 年第 14 號，大阪，杏雨書屋。

14. 黑田彰著，《屏風、酒壺見幼學──〈太公家教〉特集》，岩波書店，2011 年 11 月。

15. 黑田彰撰，〈拔取敦煌文書──何彥昇、桑威之《太公家教》攷・補（三）〉，《京都語文》第 19 號，京都，佛教大學國語國文學會，2012 年 11 月。

　　猶記當時至日本東京國立國會圖書館查找資料時，赫然知悉日本黑田彰教授已為日本近代研究《太公家教》之巨擘。以他自 2003 年起針對中國蒙學作出一系列之研究報告，尤其對《太公家教》幼學研究發表之相關作品，在日本學術界最受重視。其在 2009 年時早已出版《太公家教注解》一書，陸續在日本《敦煌學論叢》發表相關論文，當本人查找日本東京國立國會圖書館所刊列的十五項有關《太公家教》書籍與論文中，黑田彰教授之作品即佔 10 篇，其研究大多發表在各大學學術會議、《中國文學會報期刊》。日本敦煌學學者，實已將我國敦煌寫本蒙學《太公家教》的研究，進一步發展為國際漢學之研究，他的成就讓我們敬佩，更值得我們學習。今日我將探討的研究內容，亦包含日本學人對蒙書之學術成果。

## 第四節　研究敦煌寫本蒙書《太公家教》之後續工作

　　王重民先生《敦煌遺書論文集》內，輯錄 1943 年〈向達寄自敦煌莫高窟的信〉，向達先生從中表述 1942 年親赴敦煌考察石窟，當為 12 月 27、28、29 日，後撰成〈論敦煌千佛洞的管理研究以及其他連帶的幾個問題〉，刊於《大公報》，力主將千佛洞收歸國有，由國家設一管理所，負管理、修繕之責；於研究方面，主張比較研究，及勿輕易剝離壁畫；末則於西北特別是河西問題稍稍予以討論，以為非在此作長期工作，則一切建設皆為無本之談。因主張在河西一帶設立一工作站，先從事與歷史、考古、地理、地質以及人類學各部門之研究探討。〔註52〕當時有志之士為敦煌劫餘之物憤慨惆悵，只能被動等待，而無法有任何作為，真是令人扼腕。

　　千佛洞藏經室的發見，寶藏主要包括文物和寫本兩大方面，其蘊藏之豐富，若與歷史上中國文獻的歷次發現相比，可謂起了空前影響，更給與中華文化歷史、語言、考古與藝術等方面提供了研究的寶貴資料，對學術的探研與突破，具有極高的利用價值。姜亮夫先生（1902～1995）在《敦煌學論文集》中提出中國文獻的發現在歷史上曾發生好幾次，與文化的關係都極大，云：

> 　　第一次是孔壁古文之發現，形成經學上今古文兩派的分立，影響到學術思想的分歧，甚至對古史古學的爭論，影響到後世政治教育各方面的興廢得失，但其問題，至今仍是疑獄，不能徹底得解。

> 　　第二次是汲冢竹書，此次發現，比孔壁古文可靠，且其流傳，經過清儒及近代學者研究，價值已有評定，但其文化上之影響，反不及孔壁龐大深邃。

> 　　第三次發現是西陲竹簡與殷墟甲骨。姜氏認為竹簡在學術文化上的價值雖然遠不及甲骨刻辭，但對漢代西陲的歷史社會研究得到不少證明，其價值可與汲冢竹書並論，而上世紀末甲骨文字的發現更是中國史上新發現文獻之最為可靠、最寶貴的，憑之考證殷商文化殘段，〈殷本紀〉所載之殷商史事，及吉金上史事的旁證，更可探求文字衍變的系統。但可惜的是僅能推論，卻不能建立真實的殷商史。故其文化價值雖高，卻不博大。

---

〔註52〕王重民著：《敦煌遺書論文集》；1983 年。

　　　　第四次文獻的發現，即是敦煌石室南北朝以來寫本經卷的發
　　　現。此次發現，規模之大、內容之富、方面之博，可說是空前。敦
　　　煌寫本經卷對於中華學術文化，甚至我們民族的創進資鑑，亦正等
　　　待國人奮起研究，此次研究之博大，實為前三次任何一次之所不及。
　　〔註53〕

　　清季敦煌石室閉藏古寫經卷，先後為英國人斯坦因（Aural Stein）、法國人
伯希和（Paul Pelliot）所知悉，更遭其擷擇菁華運返英法。姜亮夫先生《敦煌
學論文集》有云：「敦煌材料在中國，敦煌學在日本。」這雖有近於自我侮慢
之辭，但實情確實令人愧悚萬分。

　　1980 年以來，臺灣敦煌學之發展，主要為潘重規先生所主持，其弟子鄭
阿財和朱鳳玉主編《1998～2005 敦煌研究論著目錄》，師徒三人對敦煌學研究
之用力可見一斑。潘重規先生在書序曾提：「《史記》說孔子（BC551～BC479）
適周，問禮於老子（BC571～BC471）〔註54〕。《孔子家語》〔註55〕記孔子適
周時對南宮敬叔說：『吾聞老聃博古通今，通禮樂之原，明道德之歸，則吾師
也，今將往矣！』《嚴氏春秋》：『孔子將修《春秋》，與左丘明（BC556～BC452）
如周，觀書於周史，歸而修《春秋》之經，丘明為之傳。』《春秋緯》〔註56〕
更有『孔子使子夏（BC507～？）等十四人求周史記，得百二十國寶書」的說
法。』」潘先生對於敦煌學在當時已成為國際間的顯學，但在敦煌遺留下來的
無數珍貴學術資料，卻大多散佚在英、法、俄、日諸國，而深引以為我國學術
界之奇恥大辱，急於振新之故，提出在臺灣應積極為敦煌學做兩件奠基工作，
如下：

第一：聯合國際學術界的力量，編纂一部敦煌學總目錄。

　　由於當時編有的各種目錄，不免有錯誤遺漏之處，必須進一步切實地查
核、改正、補充。例如：發現巴黎編目伯 2668 號《詩大雅》卷，卷背的稀稀
落落蠅頭小字，經其考核，實為六朝人一種著書方式。在其《敦煌詩經卷子研
究論文集》和《敦煌毛詩訓詁傳殘卷題記》提出和注意，雖僅零零落落幾十個
小字，便增多一種《毛詩音隱》的著作；以此查勘研究，解決了歷來不能解決

〔註53〕姜亮夫著，《敦煌學論文集》，上海：上海古籍出版社，1987 年 6 月第一版，
　　　　頁 1～18。
〔註54〕（漢）司馬遷撰：《史記》；北京：中華書局，1959 年 9 月，頁 1909。
〔註55〕（魏）王肅：《孔子家語》；香港中央圖書館記錄出版地不詳：出版者不詳。
〔註56〕黃奭著：《諸子百家叢書・春秋緯》；上海：上海古籍出版社。

的音隱、隱義的著作方式。可見必須以一絲不苟的態度去編纂最完善的目錄，才能為研究敦煌學發揮最大的功能。

第二：聯合國際學術界的力量，編纂一部研究論文著述總目錄。

　　將過去全世界學者對敦煌學考訂、研究的單篇論文和專門著作，從速結集，並且應設有固定機構，將新發表的論文、新出版的著作，不斷網羅編輯，繼續發表，此種機構和工作將永不休止。

　　潘先生舉例以孔子刪訂六經之前，周遊列國，博訪旁求，收集資料，乃為從事學術工作者樹立永恆的楷模。今日他亦呼籲為敦煌學樹立目標，奮起直追，首要成立一個研究資料中心，切實做到以下三項工作：

一、應將全世界保存的敦煌卷子，全部攝影。因為攝影，才能延續推廣它的生命。

　　由於沒有任何人力物力的支援，此項工作斷非私人能力所及，所以促成國立中央圖書館影印館藏敦煌寫本六鉅冊，為全世界樹之風聲。獲得國立中央圖書館漢學研究中心支持舉行敦煌學國際研討會；更創辦《敦煌學》雜誌，立意收集研究論著，編成目錄，作為日後探索研究資料的指引。

二、卷子歷時久遠，不免有模糊損壞油漬蠹傷之處，以致攝影不能全部傳真。故攝影之外，又須請飽學之士細心臨摹，成為維妙維肖的副本。

　　潘先生為此以十餘年時間，臨摹卷子、考訂文字，手寫《敦煌雲謠集新書》一冊，作為樣本。

三、有了維妙維肖的副本，還是不便研究；因為六朝唐人手寫字體，至不劃一，俗字、訛字、變體、簡寫，滿紙皆是。必須用楷字重寫，方能解除一般閱讀研究的困難。

　　潘先生為了整理研討敦煌寫本文字的真實狀況，和學生們合力編成《敦煌俗字譜》和《龍龕手鑑新編》，作為鑑定文字的根據。〔註57〕

　　潘先生深知對於敦煌學這一門學術，必須有特立獨行的人才能擔當。創辦《敦煌學》雜誌，鳩合海內外學者專家大力倡導。1977 年在文化學院中文研究所開設敦煌學研究，希望培養優秀青年學者加入敦煌學行列。其後幸得門人

---

〔註57〕鄭阿財，朱鳳玉主編：《1998～2005 敦煌研究論著目錄》；臺北市：樂學，2006〔民95〕，頁375～377。

鄭阿財辛勤精進，利用私人圖書館，及遍訪公私館藏刊物，1986 年陸續編寫成《敦煌學研究論文著作目錄稿》作為未來編纂國際總目錄之準備。

鄭阿財自 1973 年追隨潘重規先生研習敦煌學，以「文字是基礎，目錄是門徑」之訓示，為其治學圭臬。曾先後參與潘先生主持《敦煌俗字譜》、《龍龕手鑑新編》、《經典釋文韻編》、《玉篇索引》等編纂工作，並著手蒐集敦煌學研究論著篇章，與翻檢各類圖書、論文、目錄、建立資料卡片，為其研究之需，為便利《敦煌學》同好查檢。又因多方提供意見，同好需求漸多，更擴大收錄範圍，數次收錄臺港地區敦煌學論文，先後發表如下：

第一次：首次將 1950 至 1979 年臺港地區敦煌學論文目錄 513 則，先行發表於《木鐸》第八期。

第二次：1982 年發表於《華岡文科學報》十四期，彙集自 1908 年以來中、日兩國刊行的有關敦煌學研究論文著作二千餘則，此後並陸續增補，未曾間斷。

第三次：1986 年潘重規先生在臺北舉辦「第一屆敦煌學國際學術研討會」，囑鄭阿財將收集所得敦煌學研究篇章，配合中央圖書館珍藏寫卷於會場一併展出。

第四次：1987 年由漢學研究中心出版《敦煌學研究論著目錄》，提供 1908 到 1986 年間中、日兩國有關敦煌學論文著作的訊息。

第五次：2000 年，敦煌藏經洞發現 100 周年，完成《1908～1997 敦煌學研究論著目錄》，再次交由漢學研究中心印行，全書計 652 頁，著錄 11650 項，分十二大類，每類之下，又分為若干子目。此書既便敦煌學研究者檢索，也成為其他專業研究者對敦煌學研究成果的有效工具。

第六次：2006 年潘重規先生百歲冥誕，為紀念斯人對敦煌學研究發展的貢獻，乃接續《1908～1997 敦煌學研究論著目錄》，將 1998 到 2005 年敦煌學研究的論著篇章結集分類。體例依前，惟子目有所調整，接續編成《1998～2005 敦煌研究論著目錄》。〔註58〕

《1998～2005 敦煌研究論著目錄》雖僅含括八年，然全書 377 頁，著錄 5714 項，足見該時期研究成果極為豐碩，更顯示在此時期敦煌學研究風潮之

〔註58〕鄭阿財，朱鳳玉主編：《1998～2005 敦煌研究論著目錄》；臺北市：樂學，2006〔民 95〕，編者序 i～ii。

熾熱。此書接續《1908～1997 敦煌學研究論著目錄》（臺北：漢學研究中心，2004 年 4 月）而編，旨在顯示當時有關中、日敦煌學之研究成果，並作為研究者檢索資料的重要工具。其內容有四：

一、收錄範圍：收錄從 1998 年起至 2005 年 12 月止，中、日學者有關敦煌學研究之專著、期刊論文、論文集論文、碩博士論文、學術會議論文等相關著作為主。前編未及收錄 1997 年之篇章，則加補錄。

二、分類方式：該目錄所收錄論文著作，在編排上分（壹）目錄；（貳）總論；（叄）歷史地理；（肆）社會；（伍）法治經濟類；（陸）語言文字；（柒）文學；（捌）經子典籍；（玖）宗教；（拾）藝術；（拾壹）科技；（拾貳）綜述等十二類。每類之中又分作若干子目，依內容性質，以類相從，並按作者姓氏筆畫及時間先後為序。

三、著錄體例：

1. 其目錄著錄體例如下：

（1）期刊論文：作者 篇名 期刊名稱 卷期 頁數 出版年月

（2）論集篇章：作者 篇名 書名 頁數 出版地 出版社 出版年月

（3）專著：作者 書名 出版地 出版社 頁數 出版年月

（4）學位論文：作者 論文篇名 學校系所名稱 碩（博）士論文 頁數 畢業年月

2. 便於查檢，凡一文數出者，均儘量合併一筆著錄。譯文與原著亦儘量排在一起。論文中有討論兩類以上者，則採互見歸類。

3. 凡所著錄之條目，前冠以阿拉伯數字流水號。

四、附錄內容

1. 書末並附作者索引，俾利查檢，外籍作者有中文譯名者，與國人並排，按筆畫排序；外籍作者則依英文，日文字序排在最後。

2. 潘重規先生 1987 年〈敦煌學研究論著目錄序〉。〔註59〕

《1998～2005 敦煌研究論著目錄》的出版，成為研究者檢索資料的重要工具，其研究成果實為豐碩，更可顯示此時期臺灣敦煌學研究風潮之熾熱。此後又有江濤，李軍《2004 年敦煌論著目錄索引》發表在《敦煌學輯刊》2005 年第一期，蘭州大學敦煌學研究所張善慶和張景峰發表《2005 年敦煌學論著目錄》，

---

〔註59〕鄭阿財，朱鳳玉主編：《1998～2005 敦煌研究論著目錄》；臺北市：樂學，2006〔民95〕，編者序 i～ii。

中、港、臺陸續再有其他相關敦煌研究目錄出版，各家用力之作，實為敦煌學的未來帶來許多驚喜，但是對於《太公家教》的研究仍區區可數，值得加以做整體研究。

鄭阿財和朱鳳玉主編《1998～2005 敦煌研究論著目錄》，將《太公家教》歸類在第八類的經子典籍，該類的內容有：

一、經籍有易經、尚書、詩經、禮記、春秋、論語和孝經。

二、子部分儒家的思想、典籍；蒙書的通論和分論；還有書儀和類書共四類，子部還有道家的老子、莊子和其他。

鄭氏和朱氏將《太公家教》安排為第二項子部的儒家類，又把蒙書之內容細分為通論和分論。

2016 年度，又有宋雪春作《2016 年敦煌學研究論著目錄》，其內容為中國大陸地區共出版敦煌學專著 60 多部，公開發表相關論文 400 餘篇。其研究論著目錄編制如下，其編排次序為：

一、專著部分

二、論文部分

論文部分又細分為概說、歷史地理、社會文化、宗教、語言文字、文學、藝術、考古與文物保護、少數民族歷史語言、古籍、科技、書評與學術動態十二個專題。〔註60〕

另外今人研究有關蒙書通論比較重要的著作約有 11 本，即朱鳳玉《太公家教》研究、《敦煌通俗讀物》、《敦煌本〈雜字〉系蒙書初探《敦煌蒙書中的婦女教育》，汪泛舟《敦煌古代兒童課本》，張錦婷《敦煌寫本思想類啟蒙教材研究》，鄭阿財《敦煌童蒙讀物的分類與總說》，鄭阿財、朱鳳玉《敦煌蒙書研究》，鄭阿財《敦煌蒙書》，鄭阿財《敦煌蒙書研究的回顧與前瞻》，王金娥《唐代敦煌的民間教育及特點探賾》，趙跟喜《敦煌唐宋時期的女子教育初探》，趙楠《從敦煌遺書看唐代庶民教育》，張弓主編《敦煌典籍與唐五代歷史文化》。以上書籍如對《太公家教》作研究，皆有深研之必要。

其他分論又有 24 篇文章，依次為小高裕次，王璐，張娜麗，汪泛舟，朱鳳玉，邰惠莉，鄭阿財，伊藤美重子，歐純純，張求會，葉永勝，牧野和夫，鄭炳林（1956～），徐曉麗，屈直敏，劉進寶等十六人所作，而標明《太公家

---

〔註60〕宋雪春作：《2016 年敦煌學研究論著目錄》《敦煌學國際聯絡委員會通訊》雜誌，2017 年第 00 期。http://www.lw53.com/dhgi/17738.html。

教》為題的有伊藤美重子的《敦煌寫本〈太公家教〉之學校》，歐純純《〈太公家教〉與後代童蒙教材的關係》，還有張求會《陳寅恪佚文敦煌本〈太公家教〉書後考釋》。〔註61〕另有中央民族大學黃金東的碩士學位論文《唐五代時期敦煌地區童蒙教育研究》、蘭州大學韓鋒《敦煌本儒家文獻研究》、張波碩士學位論文《唐五代敦煌地區的家庭研究》、葉子龍教育碩士學位論文《唐代詩人的家庭教育研究》；還有台灣蔡馨慧《唐代敦煌寫本〈太公家教〉的儒家德育思想探析》，針對以上通論和分論所列書籍，都是研究《太公家教》所應收集之著述，以備研究，並作參考與借鏡。

　　林家平《中國敦煌學史》一書，曾指出國內學者對敦煌學概念普遍持有兩種觀點：第一種觀點以周一良先生（1913～2001）為代表。周氏曾在王重民先生《敦煌遺書論文集·序》中表達「敦煌資料是方面異常廣泛，內容無限豐富的寶藏，而不是一門有系統成體系的學科。」第二種觀點則以姜亮夫先生為代表。姜先生認為「敦煌學最主要的內容一為莫高、榆林諸石窟寺的壁畫、塑像、浮雕等；一是千佛洞窟所發現的一大批卷子，再加上新疆吐魯番、甘肅酒泉、玉門一帶，青海的資料。」雖然稍後之香港學者蘇瑩輝（1915～2011）、日本學者榎一雄（1913～1989）等，也有對敦煌學的含義作出其他論述。此兩種有關「敦煌學」含義的觀點都失之偏頗，不夠準確。林家平認為「敦煌學」的概念內涵，應有三個層次：第一，敦煌地區遺存至今的文獻文物資料；第二，對這些文獻文物的整理研究；第三，指導這種研究的科學理論。〔註62〕其中以林家平之提倡最值得我們進行《太公家教》研究後續工作所留意，並須把林氏所言之三個層次合為一體予以應用。

　　周鳳五《太公家教》結論亦提到俗文學在元代以前不受重視，故當代口語的實錄，除少數語錄之外，幾不可得。而敦煌寫本《太公家教》的發現，其運用中古時代的語詞，卻充分保留中古時代語言實況，雖然源流不易考究，卻是研究中古時代文學與社會的資料寶庫，其重要性可以想見。〔註63〕在綜合周鳳五和林家平的論點上，如何從敦煌遺存文獻物資、進行全方位研究，並以科學

---

〔註61〕鄭阿財，朱鳳玉主編：《1998～2005 敦煌研究論著目錄》；臺北市：樂學，2006，頁 164～166。
〔註62〕林家平等著，《中國敦煌學史》，北京：北京語言學院出版社，1992 年 10 月第一版，緒論頁 1～3。
〔註63〕周鳳五著：《敦煌寫本太公家教研究》；臺北：明文書局，民國 75 年 5 月初版（1986），頁 127～128。

客觀的角度整合，在後續工作望能依次推論出《太公家教》寫本的成書時間和作者，這也將是我在論文撰作研究努力的方向。今日的敦煌研究院和敦煌學的發展都正在步入一個成熟發展的階段，在近代各敦煌學者的鑽研下，除了中、英、法、日的敦煌遺書資料外，又有張新朋（1975～）陸續在《俄藏敦煌文獻》認定前人未曾著錄的俄藏《太公家教》寫卷 14 件、《武王家教》2 件，並就其已認定的《太公家教》寫卷的關係進行探討研究。以上任何的新發現，都刺激著和推動著敦煌蒙書的研究發展，無論「敦煌學」、「敦煌蒙書」或《太公家教》等都正如火鳳凰浴火重生，重新煥發新的生命與歷史定位，冀望在王國維、王重民、陳祚龍（1923～）、周鳳五、鄭阿財、和朱鳳玉等前賢銳意領導開拓下，碩果累累、成績斐然，以身為中國人的我們自豪，並大聲疾呼：廿一世紀「敦煌在中國，敦煌學亦在中國」。

# 第二章　敦煌之歷史及其敦煌蒙學與藏經洞

　　敦煌學會編印《敦煌學》第二十四輯朱鳳玉教授發表〈「二十一世紀敦煌學的展望」座談會紀要〉[註1]一篇，其中述及榮新江教授（1960～）談到敦煌寫本真偽的問題，引發我思考如果研究敦煌學和探求敦煌寫本真偽之前，是否應該同時重視和思考敦煌和敦煌學的淵源？為什麼會有藏經洞？藏經洞內的古籍當初由誰所收藏？更值得我們重視的是，現於大英博物館內的收藏品是於公元 868 年的《金剛經》，這是敦煌藏品諸多經文中最精美、也被認知是現存於世最早的印刷書籍，其他除了佛教經文外，藏經洞的文獻包羅極廣，還涵蓋文學、歷史、天文、地理、藝術與醫學等等，涉及當時社會的方方面面，當然還包括我這次研究的主題《太公家教》。為什麼藏經洞書籍種類竟如此繁多呢？所有研究是否應先建基於蒙書的發展與敦煌的歷史地位和價值以及藏經洞的由來，若以此作為敦煌寫本《太公家教》之整體研究的背景和基石，這樣的研究成果應更實在和更有認受性。

　　在一個偶然的機會，觀賞騰訊視頻出品的《敦煌：生而傳奇》，其節目備案號：V1904073210104002，總導演：魯安‧麥根（Ruan Magan）和孔‧巍瀾（Colm Whelan），該學術顧問群擁有前大英圖書館中國館負責人漢學家吳芳思（1948～）（Frances Wood）、敦煌學學者馮培紅（1973～）、中科院地理科學與資源研究所教授劉衛東、何輝、深圳大學歷史系軍事史研究者常彧（1985

---

〔註 1〕敦煌學會編輯：《敦煌學》；台北市，樂學書局有限公司，2003 年 6 月，p.209～226。

～）、蘭州大學敦煌學研究所所長鄭炳林、史瀚文（Neil Schmis）、劍橋大學亞洲與中東研究系系教授漢學家高奕睿（1967～）（Imre Galambos）、歷史作家馬伯庸（1980～）和沙武田（1973～）等中外最權威的敦煌學者們〔註2〕，由他們聯手解讀敦煌傳奇和藏經洞，該節目製作不但具有學術研討價值，更可堪稱以全球視野演繹表述敦煌的發展，主要選錄歷史上與敦煌有特殊聯繫的五位傳奇人物班超、倉慈、沮渠蒙遜、武則天和洪辯作為切入點，各位專家深入淺出地講解甚具說服力和條理分明，本論文遂借鏡並參考其脈絡，先一方面講述敦煌歷史背景的基礎，另一方面將中國古代蒙書發展與敦煌學之基礎與藏經洞之間的關係，以點、線、面的由來和始末，逐一交代，作為了解敦煌變遷由來的基礎。

當我們試圖進一步了解，敦煌在晚唐後的發展，發現吐蕃佔據敦煌後可謂是一個很大的轉捩點。加上公元十一世紀西夏建國，建都興慶府（今寧夏回族自治區首府銀川市），由於這一個政治地理位置的設置，從此削弱敦煌固有的優勢，甚至導致日後敦煌和《太公家教》在歷史脈絡上逐漸褪色，此章節之目的即在揭開、釐清和瞭解影響敦煌發展的神秘面紗。與此同時配合英藏、法藏少數寫卷蒙書上的時間紀錄，略作陳述。而該時期可見的敦煌蒙書，共有以下47種：1《上大人》P.3145、P.3797、P.3806、P.4990；2《字樣》S.388；《正名要錄》S.388；3《新集時用要字一千三百言》S.610；4《南方物名書》S.5513；5《難字》S.5690、P.2948；6《新商略古今字樣》S.5731、S.6268；7《字書》S.6329；8《諸雜難字一本》P.3109；9《時要字樣》；10《千字文》；11《開蒙要訓》S.705、S.1308、S.2947、S.5431、S.5449、S.5463、S.5464、S.5584、S.6131、S.6224、P.2487、P.2578、P.2588、P.2717、P.3029、P.3054、P.3102、P.3147、P.3166、P.3189、P.3243、P.3311、P.3408、P.3486、P.3610、P.3875、散218、散679，約27種寫卷；12《蒙求》P.2710、P.4877、敦藏#95；13《新合六字千文》；14《百家姓》P.4585；15《姓望書》S.5861；16《郡望姓氏書》P.3191；17《姓氏書》P.2995；18《姓氏錄》北圖8418；19《百行章》；20《太公家教》67種；21《新集文詞九經鈔》P.2557、S.5754等16個寫卷；22《文詞校林》；23《新集嚴父教》S.3904、S.4307、S.4901、P.3793；24《孔子家語》；25《論語》；26

〔註2〕 《敦煌。生而傳奇》：騰訊視頻出品，節目備案號：V1904073210104002，總導演：魯安。麥根和孔。巍瀾與學術顧問群劉衛東、何輝、常彧、鄭炳林（蘭州大學敦煌學研究所所長）、史瀚文（Neil Schmis）、馬伯庸和沙武田。

《孝經》；27《崔氏夫人訓女文》S.4129、S.5643、P.2633；28《吉凶書儀》P.3442；29《書儀鏡》S.329、S.361；30《新定書儀鏡》P.3637；31《大唐新定吉凶書儀》S.6537；32《新集諸家九族尊卑書儀》〈朋友有疾相問書〉〈與道士書〉S.5613、P.3502、P.4050；33《新集吉凶書儀二卷》P.2556、P.2646、P.3246、P.3249；34《字寶》又名《碎金》S.619、S.6204、P.2058、P.2717、P.3906；35《九九乘算歌》S.4569；36《立成算經》S.930；37《算經并序》P.3349；38《漢藏對譯字書》P.2762；39《漢藏對譯〈千字文〉》P.3419；40《漢藏對譯〈佛學字書〉》P.2046；41《大寶積經難字》、《大般若經難字》P.3823；42《涅槃經難字》P.3578；43《雜字》S.5513、S.5514、S.5643；44《六合千文》S.5647；45《文詞教林》P.2612；46《辯才家教》S.4329、P.2515、P.3622、P.4034；47《兔園冊府》S.614、S.1086、S.1722、P.2573 等〔註3〕，現將蒙書凡有列明時間者，依其所屬時代歸類，借窺其究竟。

# 第一節　敦煌之歷史背景

　　敦煌、敦煌蒙書和藏經洞的歷史脈絡，應以公元 1900 年藏經洞的發現作為敦煌學研究的起始點，今日的敦煌學研究，除了為中華文化締造驚世傳奇外，敦煌文獻的發現更甚至改寫中國歷史，緣由只歸因千百年後不經意的一次發現，使這顆蒙塵的明珠——「敦煌」重現於世，卻因中國人的不慎，致令敦煌寶貴文物被各國掠奪從此不見天日。茲以先闡釋敦煌的歷史背景，藉分述五位與敦煌結下不解緣的傳奇人物和敦煌在唐末被西夏盤踞後的發展如下：

## 一、東漢—班超（32～102）

　　遠溯敦煌歷史最早記錄於公元前 111 年漢武帝設敦煌郡，敦煌之敦，乃大也；煌，即盛也，敦煌名源於此，意寓這座大漠孤城座落河西走廊之要衝，地依鳴沙山傍月牙泉，距洛陽以西約二千公里，在歷史的蠻荒蒼涼中佇立為河西四郡之一，同時是漢朝戰略前哨和商貿中心。前大英圖書館中國館負責人，漢學家吳芳思（Frances Wood）云：

---

〔註3〕汪泛舟編著：《敦煌古代兒童課本》；蘭州：甘肅人民出版社，2000 年 6 月，頁 1～14。

當時敦煌成為漢軍守衛的軍事前哨，為對抗匈奴漢兵士們經年累月日夜警惕，遇敵情即燃烽煙為訊，敦煌為大漢鎮守著西部邊疆，西域紛爭不斷，始終危機四伏，平定敦煌一直為漢室頭等要務。而絲綢之路是 19 世紀歐洲人發明的詞彙，遠從漢代開始，中國和羅馬已開始模糊地意識到對方的存在。

敦煌學學者馮培紅說：

> 匈奴長期威脅絲路，最後漢朝必須以修築長城作為漢匈邊界。

劍橋大學亞洲與中東研究系系教授漢學家高奕睿（Imre Galambos）亦說：

> 公元 90 年班超拒絕與貴霜帝國（今巴基斯坦、阿富汗地域）和親，更在兵力眾寡懸殊下率部死戰，漢代的武器就算是最先進，可以打勝此仗的軍力靠的是班超所凝聚強大的軍心，大漢存佚，在此一役。

深圳大學歷史系軍事史研究者常彧曰：

> 東漢士兵的協作能力較貴霜帝國更強，戰爭經驗更豐富，雖然敵人以七萬之多佔人數上優勢，當時卻是很難徹底地發揮。
>
> 人能夠走多遠的路，本身要有足夠的地理知識，更重要的是有人告訴你這條路可以走，你有這樣的想像力才行。〔註4〕

班超的出使西域，造成中國歷史脈絡上，敦煌和西域的真正崛起地位，開創敦煌這不可抹滅功績的功勞，雖然奠基在漢武帝（BC156～BC87）的高瞻遠矚和張騫（BC200～BC114）、衛青（？～BC106）、霍去病（BC140～BC117）100 多年前的開疆拓土，班超真正的成功和肯定不只為敦煌創造曠世奇功，更值得一提的是他原為史官，子承父業，在班超長期騰錄西部邊疆之事蹟功業下，默默中培養出的大志，最終在西域沙場建功立業。

## 二、魏—倉慈（？）

敦煌的地理位置像一道天然屏障，將蒙古高原和青藏高原之間的遊牧部落分開，絲路商貿與稅收造成利潤豐厚，故歷史上諸多勢力爭奪絲路，漢之後的百年中，中原混戰，政權更迭，魏、蜀、吳三國鼎立，兵戈擾攘經年，無暇經營，當時魏國雖領屬西域，卻徒有虛名，毫無掌控之力，此時敦煌再度淪為

---

〔註4〕《敦煌。生而傳奇》：騰訊視頻出品，節目備案號：V1904073210104002，總導演：魯安。麥根和孔。魏瀾與學術顧問群劉衛東、何輝、常彧、鄭炳林（蘭州大學敦煌學研究所所長）、史瀚文（Neil Schmis）、馬伯庸和沙武田。

法外之地。世道無常，錢權腐敗，敦煌城內暗潮洶湧，高門大姓掌控敦煌，恣意妄為，百姓多苦不堪言，更遑論敦煌蒙學文化的發展。

公元 227 年，魏明帝曹叡（204 或 206～239）派遣長安令倉慈臨危授命，赴任為敦煌太守，此時敦煌正處於東西兩大文明之收縮期，敦煌正是此大萎縮的標誌物之一。馬伯庸曰：

> 當倉慈抵達敦煌時，於此之前已經二十多年沒有太守，說明中央政府對於河西以及更遠西域的控制，完全力不從心。

實情是敦煌城內法度無存，商路上頻頻劫掠，城外洗劫商人之賊匪逍遙法外，所見所聞觸目驚心，使敦煌商貿城邑的立命之本毀壞殆盡，人稱中原通往絲路的大門此時岌岌可危，人人難以自保。劍橋大學亞洲與中東研究系教授漢學家高奕睿（Imre Galambos）說：

> 此時期有很多粟特商隊進入中國，他們的進入，在之後的幾個世紀裡對中國產生了深遠影響。

蘭州大學敦煌學研究所所長鄭炳林也指出：

> 粟特人中最著名的就是安祿山（703～757）和史思明（703～761），他們是最厲害的。

粟特人極具語言天賦，不僅通商貿易，也攜帶知識、科學與文化，連結歐亞大陸。前大英圖書館中國館負責人，漢學家吳芳思（Frances Wood，）云：

> 粟特人可以說是最棒的銷售員，也有語言天賦，什麼都賣得出去。大約從三世紀到八世紀，粟特人在絲路貿易中佔據絕對的主導地位。

大阪大學名譽教授森安孝夫（1948～）同時表述：

> 從自然環境來說，西域的酷暑和嚴寒是最大的問題，如果途中水用完了的話，就只有死路一條了。在沙漠中迷路的話，再也回不來也是又可能的。還要面臨時常降臨的沙塵暴。

敦煌學學者馮培紅又說：

> 薩保是一個粟特語的詞彙，它本來意思指的是一個商隊首領，粟特人在中原定居以後，就開始設置了薩保這個正式的官職。〔註5〕

〔註 5〕《敦煌。生而傳奇》：騰訊視頻出品，節目備案號：V1904073210104002，總導演：魯安。麥根和孔。巍瀾與學術顧問群劉衛東、何輝、常彧、鄭炳林（蘭州大學敦煌學研究所所長）、史瀚文（Neil Schmis）、馬伯庸和沙武田。

由於劫掠不斷，造成粟特商人和敦煌官吏之間多有不快，「薩保」成了兩方不可或缺的緩衝。此時的倉慈赴任雖為朝廷命官卻有名無實，都尉為敦煌的軍事長官，當然的手握實權，當地財閥紛紛趨附，天高皇帝遠，在這大漠邊城，豪強財閥一手遮天，倉慈深知敦煌勢力盤根錯節，多次私下查訪當地大姓背景，發現當時任職的都尉祖上竟是百年前班超平定西域的三十六屬下之一，封軍功、賜土地，昔日的將士在敦煌經年耕耘，土地愈加肥沃值錢，後世子孫開枝散葉，至倉慈到任，這些人早已是當地豪強大姓。這些地主豪紳把先輩的抱負拋諸腦後，開門節度，閉門天子，窮奢極慾，只知魚肉百姓。馬伯庸說：

> 敦煌已經足足二十年時間，沒有主政官員，整整一代人。當地豪強早就結成了一個極為緊密的利益網絡和權利生態，倉慈一個外來流官，想在裡面有所作為，難度極大。
>
> 倉慈為這些絲綢之路商人，做出很多實質幫助。比如說在跟當地大族貿易的時候，要確保這些西域商人得到公平的對待，而且還要派軍隊護送他們上路，同時為他們開具介紹信（又稱過所，相當於今天的護照），為購買商品提供了很多的便利。

深圳大學歷史系軍事史研究者常彧曰：

> 因為人民不歸政府而是歸大姓，那大姓自己就是當地最強的人，不僅有兵有糧有經濟，而且他們還有大地產還佔有人口，這個造成他們很不得了。
>
> 怎麼樣從豪門大姓的手中將人口解放出來，能讓他們為國家交稅，這是地方官僚施政的最重要的事情。〔註6〕

《三國志。任蘇杜鄭倉傳》記載：倉慈，字孝仁，淮南人。東漢末年，三國時魏官員，早期擔任郡吏，建安年間，曹操徵辟，先擔任綏集都尉，負責在淮南地區實行屯田制，及至黃初後期，遷任長安令、敦煌太守等職。〔註7〕敦煌的歷史地位再次穩固，主要原因由於倉慈的治理敦煌有方，深受敦煌民眾和各外族敬畏及愛戴，為敦煌再次打好經濟和教育基礎，使敦煌後來的發展更為全面性。聯芳案：據《魏志》記載，倉慈始為郡吏，建安中太祖開募田於淮南，

---

〔註6〕《敦煌。生而傳奇》：騰訊視頻出品，節目備案號：V1904073210104002，總導演：魯安。麥根和孔。魏瀾與學術顧問群劉衛東、何輝、常彧、鄭炳林（蘭州大學敦煌學研究所所長）、史瀚文（Neil Schmis）、馬伯庸和沙武田。

〔註7〕《二十五史·魏志卷十六·任蘇杜鄭倉傳》；上海：上海古籍出版社，魏志卷十六頁62。（二十五史頁1125）。

以慈為綏集都尉，黃初末為長安令，清約有方，吏民皆畏而愛之。太和中慈受召遷敦煌太守，駐守西陲，當時敦煌以喪亂隔絕二十載無太守管理，慈到抑挫權右，撫卹貧羸，深得人心，自漢之後才得以適時延續敦煌發展。

## 三、北梁—沮渠蒙遜（368～433）

公元 417 年，敦煌與河西走廊的廣大西域正面臨動盪割據，此時倉慈的時代過了不到 200 年，敦煌正為西涼國都，由西涼王李暠鎮守敦煌看顧絲路。五世紀初，歐洲正逢羅馬帝國瓦解，晉朝沒落，中國大陸的土地正面臨合久必分的局面，就此拉開五胡十六國的序幕。前大英圖書館中國館負責人，漢學家吳芳思（Frances Wood）云：

> 此時中國處在一個分裂時期，大一統的王朝分裂成眾多小國，
> 小國又再分成更小的政權，互相角力，合久必分，分久必合，這便
> 是中國歷史的規律。

十六國時期，五個強盛的遊牧部落崛起，雄霸西域，匈奴、鮮卑、羯，氐、羌。史稱五胡。根據《晉書》記載，匈奴支裔胡人領袖北梁王沮渠蒙遜堪稱當時之梟雄。馬伯庸云：

> 沮渠蒙遜有著遊牧民族能征善戰的野性，另外他身上的漢化痕
> 跡也很重。《晉書》是這麼評價他的，蒙遜博涉群史，頗曉天文，雄
> 傑有英略，滑稽善權變。〔註8〕

適逢中原戰亂，但絲綢之路卻更商貿昌隆，因為有更多為躲避戰亂的人蜂擁而至。歷史上凡得敦煌者得絲路，故北梁王沮渠蒙遜一心為佔領敦煌便可傲踞河西，成就他的英雄霸業，其人精於治世之道，一方面鐵血治國，另一方面以親睦降將招撫，西元 421 年利用黨河水攻血洗敦煌城，打敗西涼吞佔敦煌，最終登上霸主之位。此時的敦煌已為兵家必爭之地，同時它在文化、經濟、戰略、商貿、教育各方面的發展已儼如塞外小國，自成一格。聯芳案：沮渠蒙遜臨松盧水之胡人也，其先祖為匈奴左沮渠，後遂以官名為姓氏焉，沮渠蒙遜幼有大志，博涉群史，頗曉天文，篤信佛教，雄傑有英略，又滑稽善權變，世人皆奇而憚之。其統治之完備使敦煌在文化、經濟、戰略、商貿、教育儼如塞外小國，亦是兵家必爭之地。

〔註8〕《二十五史・晉書》卷一百二十九：載記第二十九，北涼・沮渠蒙遜；上海：
　　　上海古籍出版社，頁 373～374。（二十五史，頁 1617）。

## 四、唐—武則天（624～705）

公元 630 年歐亞大陸正經歷宗教熱潮，基督教從其誕生地耶路撒冷，向西遠播至歐洲最遙遠的疆域，穆罕默德（571～632）創立的伊斯蘭教自麥加發源於中東興盛，而此時印度北方起源的佛教亦已演進了千年，自十六國時期佛教已經遍傳西域和中土並開花結果。唐朝玄奘和尚（602～664）決定西行取經，其主旨在為佛教正本清源。歷史作家馬伯庸云：

> 當時中原的佛教很盛行，但是佛經翻譯又非常混亂，大家各譯各的，導致教義出現了很多分歧，玄奘決定直接去找梵文原文正本清源。

玄奘弘願西行萬里，自長安啟程，橫跨塔里木盆地，途徑敦煌、吐魯番、庫車和撒馬爾罕，他穿越西域與中亞之間最高山峰抵達天竺，找尋至尊聖僧。公元 645 年西行取經 17 載的玄奘，再次途經敦煌重返故土長安。此時李唐王朝初建，剛平定五胡十六國和隋末亂局，敦煌除了是絲路上昌榮安泰的貿易中心、佛教聖地，也是商人來往歐亞大陸必經之路，更是接風洗塵、告別餞行和佛教徒們迎來送往的招待所。前大英圖書館中國館負責人，漢學家吳芳思（Frances Wood）云：

> 隨著佛教的傳播，敦煌變得愈發重要，在這裡去往天竺或從那裡歸來的僧侶們，接風洗塵、告別餞行，這就像是給佛教徒迎來送往的招待所。

玄奘從天竺攜回數百卷梵文古經，並親自將經卷譯成漢語（一切眾生皆有此佛心，有色可見，無色亦可見）。隋唐史研究專家于賡哲（1971～）說：

> 唐朝時佛教徒的數量其實是超過道教徒的，因為它講的是輪迴，講的是來世，對於中國人來說這是一種擺脫現世痛苦的一種思想，所以在中國的普通民眾當中，它是相當地受歡迎的。

佛教在敦煌一直深得權貴階層推崇，敦煌近郊有陰氏豪紳大族，富甲一方，卻無顯赫官職，廣開石窟廟宇昭示天下，他們的雄厚財力和虔誠禮佛之心，此時為歡迎玄奘到訪，他們一擲千金以供養人的形象出現在壁畫中。大阪大學名譽教授森安孝夫表述：

> 當時的壁畫創造需要消耗大量金錢，將青金石、綠松石等搗碎，毫不惋惜地塗抹在巨大的牆壁上。

　　敦煌第一個洞窟開鑿於公元 366 年，比玄奘時代早將近三百年，此後又增建過百個洞窟，形成了蜂巢般錯落的廟宇群落，例如莫高窟第 275 窟（北梁）、第 272 窟（北梁）、思惟菩薩莫高窟第 257 窟（北魏）、盧舍那法界人中像莫高窟第 428 窟（北周）、三世佛之現在釋迦佛彩塑一佛二菩薩莫高窟第 332 窟（初唐）、莫高窟第 220 窟（初唐）、佛頂尊勝陀羅尼經變莫高窟第 217 窟（初唐），這些造像和畫像皆以西域技法渲染明暗，又富於解剖學美感，是漢晉繪畫未有之風格，百年中敦煌藝術吸收並融合希臘、波斯、天竺、粟特等藝術的養分和審美，洋洋大觀是舉世無數的集文明之大成者，充分顯現在敦煌的佛畫和佛像上。中科院地理科學與資源研究所教授劉衛東云：

　　　　當年長安城兩百多萬人，其中外來的外國人有二十多萬人。

唐史作家編劇森林鹿云：

　　　　長安城的城區面積超過了 83 平方公里，這個在中國歷史上各個都城當中是最大的，要超過明清時代的北京城，它比當時的東羅馬的首都君士坦丁堡要大七倍，比當時阿拉伯帝國的首都巴格達要大六倍。

玄奘帶回大量佛教典籍，對佛教和中原有深廣的影響。唐太宗（598～649）聞法獲益良多，遂命玄奘將西行所見所聞著書立傳。當日伴駕嬪妃恰有一才人喚做媚娘，奉茶時擅請高僧玄奘為其祈福，宮中上下為之側目，媚娘初次展露頭面已是了得，此後權傾朝野，史稱武則天。隋唐史研究專家于賡哲說：

　　　　比起其他的女人，她更有雄心壯志，她絕不滿足於一般的宮鬥的勝利，她的性格和她的這種野心能夠支撐她走得更遠。

藉由佛教使武則天初試鋒芒，40 年後的公元 685 年武則天又重使當年殺手鐧，已是唐朝第三位皇帝高宗的皇后，今非昔比。高宗晚年將國事交由皇后武則天執掌治理，以垂簾聽政，臨朝稱制。高宗駕崩，三子李顯（656～710）繼位，武則天猜忌李顯不忠，更遭廢黜。公元 684 年另立最小的兒子李旦（662～716），改元文明，為唐睿宗。睿宗懦弱，武則天竟把持少年天子。森林鹿云：

　　　　唐代的皇室上層內鬥，非常地血腥殘酷，武則天一直恐懼若其失去了權力以後，生命能不能保全。

朝中宿敵爭奪睿宗，武則天擔憂朝臣得手，自己必在劫難逃，她深曉宮中之道，奪權與執政乃天壤之別。大阪大學名譽教授森安孝夫表述：

中國是儒家思想的國家，女人能當皇帝是絕對不可想象的，為
了營造女人也可以成為國家領袖的氛圍，當時就利用了佛教。

此時朝野四面楚歌，武則天憶起往昔正是佛法令她嶄露頭角。玄奘東歸四十
載，佛教在大唐愈發興盛，武則天洞察佛教甚得民心，興許再助她一臂之力，
武后偶得一部古佛典《大雲經》，傳詔令以示天下。森林鹿云：

在這《大雲經》中，她就抓住了一句話說：西方會有一位淨光
天女出世化身，化身為佛下界到民間，給百姓帶來各種各樣的福祉。

傳說《大雲經》是玄奘西天取經眾多經書中的一部，《大雲經》曰：「女菩
薩下凡為帝，治理凡間。」武則天下令，全國三百個州郡興建大雲寺，定期宣
講《大雲經》。數以千計的手抄經書，一時傳遍大唐各地。僅一年間武則天精
心營造了一段天神下凡的傳說，依據《大雲經》，武則天造一新字「曌」，意為
日月當空，光照天下。她以此字為名，宣告自己為天選之女，光耀神州。武則
天密謀稱帝的傳言激怒群臣，古往今來未有女人稱帝之先例，不過在唐代女性
卻有更高的社會地位，她們大膽追求絲路的異域服飾，珍奇珠寶。當時的絲路
即是大唐長安的流行風向標。隋唐史研究專家于賡哲說：

各種妝容的豐富多彩，時尚變換之快，這恐怕都是以前的各個
朝代所沒有的。而且那個年代的女性，還有社交的這個自由。〔註9〕

聯芳案：綜合以上各專家所言，敦煌在武后所賦予的榮光中，不論政、經、
教育各方皆條件俱備，儼然從塞外小國有一躍望天下世局的氣勢。但凡事物極
必反，武則天身後，佛教在敦煌雖仍方興未艾，卻是時局瞬息萬變，敦煌烏雲
又將再起，這世界盡頭的傳奇之城——敦煌，終將逐漸褪色，甚至漸漸從人間
湮滅消失。

## 五、吳洪辯（？～862）

公元 846 年吐蕃佔據敦煌，吐蕃信奉佛教，並於敦煌組織大規模經文抄
譯，藏文佛經自此流向世界。敦煌佛教的輝煌雖一如往昔，惟經歷安史之亂，
大唐氣象不再，唐兵士於「安史之亂」之時，被調回長安平復叛亂，吐蕃、回
鶻藉機佔據西域，大唐盛世不再。唐朝短暫喪失對西域的控制，只有全盛時的

〔註 9〕《敦煌。生而傳奇》：騰訊視頻出品，節目備案號：V1904073210104002，總導
演：魯安。麥根和孔。巍瀾與學術顧問群劉衛東、何輝、常彧、鄭炳林（蘭州
大學敦煌學研究所所長）、史瀚文（Neil Schmis）、馬伯庸和沙武田。

一半，敦煌與長安暫時隔絕，唐帝國與西方世界的互動開始亦歸於寧靜。唐史作家編劇森林鹿云：

> 因為安史之亂的爆發，唐朝把駐在河西的精銳軍隊，調回到中原內地去平叛了，這就導致了唐朝對於河西走廊以及西域的這種控制力的喪失。

網上資料洪辯_百度百科 https://baike.baidu.hk，item〔註10〕載，吳洪辯乃晚唐時敦煌僧人，出身官宦世家，又稱吳僧統、吳和尚。父親吳緒芝在唐朝先後任唐王府司馬、千夫長、建康軍使，並授上柱國賜紫金魚袋，長期戍守西陲邊土，精忠報國，戰功顯赫。「安史之亂」由於隴右節度使哥舒翰（699～757）奉命率大軍勤王，致使河西勢力空虛。吐蕃趁機劍指河西，勢如破竹，緒芝率部殊死抵抗，終不敵隨主帥退守敦煌。敦煌學學者馮培紅曰：

> 他的父親是唐朝的一個官員，隨著吐蕃的勢力向河西走廊西部不斷地進攻，吳洪辯的父親吳緒芝，他逃到了敦煌，但是最後敦煌被吐蕃所佔領，吳緒芝就在敦煌一直生存下來。

歷史作家馬伯庸說：

> 雖然洪辯自幼在吐蕃統治下長大，也得到了吐蕃高層的讚賞，但是內心深處，洪辯仍舊把自己當成是一個唐人。

父輩的敗戰之辱是少年洪辯的切膚之痛。從此他潛心研究佛法，終成沙洲僧俗兩界的領袖。敦煌雖失陷，但在洪辯主持下，莫高窟開窟造像從未停歇，敦煌五分之一多的百姓是佛教信眾，堪為河西地區的佛教聖地，敦煌又是另一番景象。吐蕃控制著河西走廊，敦煌與大唐隔絕，絲路貿易往來受阻，每況愈下，百姓生活異常艱辛，心向故土，渴盼變革。洪辯苦練僧兵，當時有張義潮出身沙洲豪族，身受百姓擁戴，立志收復失地，回歸大唐，或許張義潮就是洪辯期盼已久的盟友，敦煌變法的希冀。公元842年，吐蕃贊普朗達瑪遇刺身亡，撼動西域，吐蕃已現頹勢，形勢愈發難料，洪辯深知此時若貿然行事，會給敦煌百姓帶來滅頂之災，此時法名悟真的高僧跋山涉水，穿越大漠，帶回噩耗，回到了敦煌故里師父洪辯法師的身邊。原來公元841年唐武宗力行滅佛之舉，史稱會昌法難，歷史作家馬伯庸說：

> 對於唐武宗和其他所有皇帝來說，宗教信仰都不是問題，問題是宗教免稅，在當時的唐代，一座寺廟所擁有的地產是不用繳稅的，

---

〔註10〕洪辯_百度百科 https://baike.baidu.hk，item

僧人也不用繳稅，收不上錢，皇帝肯定著急，所以唐武宗一定要拿佛教開刀。

公元 845 年會昌法難由皇帝唐武宗敕令，所有寺廟頓時拆毀殆盡，力逼 26 萬僧尼還俗，四千六百多座寺廟拆損，四萬神龕遭到搗毀。此時即便起義成功，也恐難返大唐。蘭州大學敦煌學研究所所長鄭炳林曰：

> 當時吳洪辯基本上是和節度使平起平坐的，他們在民眾之間影響力很大，所以張義潮不利用宗教這支力量，他沒辦法團結民心。

敦煌各寺院，洪辯命僧侶們日夜操練，終傳來唐武宗駕崩，洪辯當機立斷於公元 848 年，張義潮率少數歸義軍兵臨敦煌城下，敦煌城內洪辯的僧兵與各族百姓揭竿而起裡應外合。歷史作家馬伯庸說：

> 天時是說吐蕃高層在內訌，顧不上管沙洲這一塊，地利呢？是沙洲城周圍以沙漠為主，奪了城就等於是控制一切。

公元 848 年夏，張義潮和洪辯聯手光復敦煌。深圳大學歷史系軍事史研究者常彧云：

> 張義潮起義打出來的旗號，有強烈的向唐的呼聲，符合了大部分人民的呼聲和需求，所以起義回獲得成功。

起義成功，捷報當速速送達，無奈敦煌距帝都有一千七百公里之遙，一路上險阻重重，派出十路信使從敦煌出發奔赴長安報訊。河西走廊雖曾是絲路上的太平坦途，可惜昔日曾提供保障的驛站如今盡毀，河西走廊早已淪為法外之地，兵荒馬亂、盜匪橫行，十路信使多渺無音信。只有悟真幸以僧人身分掩人耳目，躲過吐蕃層層崗哨的盤查，再借路北方（今內蒙古境內的平原），歷時一年有餘，終在公元 850 年抵達都城長安，此時發動會昌法難的唐武宗已駕崩四年時間，當時在位的唐宣宗（810～859）一聽聞敦煌光復，大喜過望，當即敕封悟真為京城臨壇大德，御賜紫衣袈裟，一夜之間歸義軍和洪辯法師的大名響徹長安。遠在敦煌的洪辯即受封首任河西都僧統之職，張義潮於大中五年（851）又率歸義軍接連從吐蕃手中收復瓜州、甘州、伊州等十一個地區。〔註11〕十一年後，河西走廊收復，從此敦煌重返平靜，再次回歸大唐。聯芳案：張義潮率歸義軍從吐蕃手中收復瓜州、甘州、伊州等十一個地區。河西走廊短暫時期的

---

〔註11〕《敦煌．生而傳奇》：騰訊視頻出品，節目備案號：V1904073210104002，總導演：魯安．麥根和孔．巍瀾與學術顧問群劉衛東、何輝、常彧、鄭炳林（蘭州大學敦煌學研究所所長）、史瀚文（Neil Schmis）、馬伯庸和沙武田。

收復，雖使敦煌重返平靜，再次回歸大唐。但是外族黨項的崛起，又將即陷敦煌於萬劫不復之境地。

公元十一至十三世紀，中國的西北地區由一個叫黨項羌的民族崛起，又稱西夏，西夏最強盛時面積約 83 萬平方公里，包括今寧夏大部、陝西北部、甘肅西部以及內蒙古、青海部分，人口 200 多萬，建都城興慶府（今寧夏回族自治區首府銀川市）。西夏立國近二百年（1038～1227），黨項人積極吸收先進的漢族文化。憑借宜農宜牧的自然條件，創造了獨具特色的西夏文化，推進西北地區的統一和民族融合、經濟發展，為中國元代大統一奠定了基礎，但同時興慶府的政治、經濟、文化發展等地位也從此取代了敦煌。

## 六、西夏

唐朝末年，塞外契丹迭剌部崛起，首領耶律阿保機（872～926）統一嶺北草原，建立契丹國，接著南侵漢地，顛覆後唐，並掌控燕雲十六州，改國號為大遼。在灊河之亂後衰敗，最終為女真人擊敗，遷往西域；而漢地大部分經歷五代十國的混亂後，終於由漢族宋朝統一。宋高宗南渡後疆域縮小，但仍能與女真、蒙古繼續對抗一百五十多年；原本默默無聞的女真人，在十二世紀初橫掃長江以北，終結大遼，並侵佔宋朝北部土地，挾持宋朝徽宗（1082～1135）、欽宗（1100～1156），建立金朝，然而金朝文治稍遜，最後亡於蒙古之手。西夏雖不如宋、遼、金，卻善於外交技巧，斡旋於南北之間，佔領河西，安然割據一方。〔註12〕

公元六世紀，黨項人（中國古代羌族的一支）長期遊牧居住在今甘肅、青海、四川三省遼闊草原上，決定歸附隋朝，接受冊封，建立朝貢關係。公元 631 年（貞觀五年）唐太宗李世民安置內附黨項 34 萬人口。由於吐蕃政權剛從青藏高原崛起，不斷擴張，並與唐朝展開爭奪青海與西域的鬥爭，期間黨項拓跋等部徵得唐朝同意，曾進行過兩次大遷徙，第一次從青藏高原的松州地區，遷往黃土高原的慶州地區；第二次在安史之亂後，再遷往內蒙古高原南緣的夏州地區，稱為「平夏部」。公元九世紀後期，拓跋部大首領拓跋思恭（？～886）因鎮壓黃巢起義有功，被唐僖宗（862～888）升為定難節度使，又稱夏州節度使，賜皇姓李，封夏國公，統轄銀、夏、綏、宥四州八縣之地，從此夏州拓跋政權成立。

〔註12〕參考 zh.m.wikibooks.org

公元 982 年，夏州節度李繼捧（957～1004）把統轄的四州八縣獻給宋朝，其族弟李繼遷（963～1004）堅決反對，逃往夏州東北地斤澤（今內蒙古鄂爾多斯巴彥淖爾），聯遼抗宋。李繼遷於公元 997 年又從宋朝再度收復銀、夏、綏、宥四州八縣，更進一步擴張。公元 1002 年，一舉攻克宋朝西北重鎮靈州，改名西平府，定為都城。公元 1004 年，李繼遷戰死，其子李德明（981～1032）襲位，攻佔整個河西地區，將都城由西平府遷往興州，基本奠定西夏王國的基礎。

公元 1031 年李德明卒，其子李元昊（1003～1048）繼位，並加快稱帝建國的步伐，開始使用西夏自己的年號：顯道；廢除唐宋以來所賜李、趙姓氏，改名嵬名氏；下令禿髮，以突顯黨項民族特點；升都城興州為興慶府，廣修宮室；創制西夏文；仿宋朝制度，設立中央的中書省、樞密院、三司、御史台等機構；全國設置十二個監軍司，總兵力 34 萬，再選五千精兵組成侍衛軍，由其親自掌握。公元 1038 年 10 月，李元昊在興慶府南郊築壇祭天，正式稱帝，建國號大夏，年號天授禮法延祚。李元昊稱帝建國後，從 1040 年到 1042 年，曾向宋朝發動三川口、好水川、定川砦三大戰役，並完全取勝，從而鞏固新建政權。

從 1038 年西夏建國到 1227 年被蒙古所滅，共有十位皇帝繼位，期間以 1139 年繼位的仁宗李仁孝（1124～1193）最為勵精圖治，採取強有力的內政與外交措施，天盛年間（1149～1169），西夏出現空前盛況，此為西夏歷史上的「仁孝中興」。公元 1193 年李仁孝卒，西夏極盛而衰，公元 1227 年最終在蒙古進攻下滅亡。西夏亡國時，由於蒙古軍的征服和殺戮，黨項人四處逃亡，自元、明兩代數百年後，黨項人也就從歷史上消失了。〔註13〕

聯芳案：令人好奇和值得關注的是，為甚麼敦煌藏經洞就在公元 1002 年隱窟封洞呢？翻查歷史資料，恰巧當時李繼遷正準備擴張勢力，推論河西走廊局勢並不穩定，在敦煌的僧侶們為了保護洪辯法師遺留下來所有的文獻收藏，所以才有了隱窟封洞之舉。另外，因為西夏王國決定建都城於興州，將政治和經濟中心轉移到興州的這一個舉動，直接也間接導致了敦煌地理優勢的逐漸減弱，漸漸消沉於塞外的荒沙之中，再加上西夏最終不敵崛起的蒙古，終於被成為「絲綢之路」上消失的神祕王國。

---

〔註13〕參考 xixia.nxu.edu.cn

# 第二節　敦煌蒙學之緣起與發展

　　從上所述，基本了解敦煌發展的歷史背景，同樣地以上述歷史人物和西夏作為切入點，進一步明白為何在此大環境下的變化下，敦煌的文化發展是如何造就成日後的敦煌蒙學。

## 一、東漢・班超

　　公元 93 年班超以三十六人平定西域，歷經二十載的政治聯盟和軍事震攝，使敦煌郡從此成為遠道而來絲路商人太平招財的寶地。公元 97 年，班超更派遣副將甘英西行一萬六千公里，沿絲路橫跨四大帝國，此程最遠行至波斯灣，甚或地中海。歷史作家馬伯庸曰：

> 漢朝初設敦煌郡時，其地荒蕪邊陲，漢朝採移民戍邊的政策，把中原地區的罪犯和需要削弱的豪強大族強行遷移到河西走廊，公元 90 年敦煌人口已增至 4 萬人。

蘭州大學敦煌學研究所所長鄭炳林指出：

> 公元 73 年東漢明帝（28～75）派遣班超出使西域，當時班超只率三十六兵士擊殺匈奴伏兵，智鬥鄯善國王廣，消息傳遍絲路，班超終以決絕果敢、震攝西域，浴血重寫大漢史冊，改變當時西域人對漢朝的認識，更有益其於西域後來的經營。在古代，實際上誰控制了西域地區，基本上就控制了當時世界一個高地。

　　這是中國歷史上第一次如此接近羅馬帝國疆域，敦煌和絲路凝聚諸多文化，經碰撞融合新的文明萌芽開花結實，為敦煌的崛起鑄就新的傳奇基石。〔註14〕班超以一位史學家的身分投筆從戎，帶領三十六人平定西域，歷經二十載的政治聯盟和軍事震攝，使敦煌郡從此成為遠道而來絲路商人太平招財的寶地，造就敦煌在歷史上的璀璨光輝，相信在他的經營和佈置上，敦煌的發展才有機會成為新文明的最佳的萌芽點。從《漢書・藝文志第十》亦揭露當時已有最早見於著錄的蒙學識字課本，如：「《史籀篇》者，周時史官教學童書也，……《蒼頡》七章者，秦丞相李斯所作也；《爰歷》六章者，車府令趙高所作也；《博學》七章者，太史令胡母敬所作也；……漢興，閭里書師合《蒼頡》、《爰

---

〔註14〕《敦煌。生而傳奇》第一集：騰訊視頻出品，節目備案號：V1904073210104002，總導演：魯安。麥根和孔。巍瀾與學術顧問群劉衛東、何輝、常彧、鄭炳林（蘭州大學敦煌學研究所所長）、史瀚文（Neil Schmis）、馬伯庸和沙武田。

歷》、《博學》三篇……并為《蒼頡篇》。武帝時，司馬相如作《凡將篇》……元帝時，黃門令史游作《急就篇》。成帝時，將作大匠李長作《元尚篇》……揚雄取其有用者以作《訓纂篇》……」等等〔註15〕，班超以其擁有史學文化的基礎，善用以蒙養教育管理植根於已有 4 萬人口的敦煌，創造後來敦煌文化的繁榮發展，這每一步的歷史傳承，應是致使敦煌當時文化發展，源遠流長不可或缺的基石。其中《急就篇》成書於西漢末年，為史游所作，後又為東漢人所補。〔註16〕篇中或三個字一句，或四個字一句，也有七個字為一句，反映了漢代蒙書的特色；又分別列入姓氏、衣著、農藝、器具、自然、人事等用語，由於內容包羅萬象，實用性強，供孩童在識字、習文過程中記誦，一直至隋唐時代，可見《急就篇》在當時對學童認字和啟蒙教育起了相當重要作用。

## 二、魏・倉慈

絲綢之路自敦煌始，環繞塔里木盆地而四通八達，越過帕米爾高原，縱貫中亞和中東，可至羅馬都城，傳說當時羅馬和中國絲綢是以等重的黃金等價，故 19 世紀的歐洲人稱其為絲綢之路。敦煌的地理位置扼守著河西走廊入口，是中原進入絲路之門戶，藉由敦煌將都城洛陽與世界相連。大阪大學名譽教授森安孝夫表述：

> 漢時的絲綢之路，實際是連接東西南北網絡的道路網。

公元 227 年三國魏明帝時倉慈就職，決以謀略治敦煌，暗中釋放深陷冤獄的冤犯、死刑犯，私下操練格鬥之術，並將其訓練成朝廷的秘密武器效忠於魏，當時敦煌實權攬在軍隊、都尉和豪強之手，倉慈就以明修棧道、暗渡陳倉之計，私下再和粟特商人合作，最終平定敦煌。倉慈處理敦煌最根本的稅收問題，同時擬令異族通婚，消弭族群隔閡，增添人口，讓失去法度的西域危城敦煌，重獲得民心再享繁榮安昌，又一次成為中原通往天下的門戶，並成為華戎交聚的大都會，倉慈是敦煌史上最有名望的太守。當倉慈去世時，粟特人特採以刀割面的傳統風俗，表達敬重，感激其治城有道。〔註17〕

---

〔註15〕（漢）班固著；（唐）顏師古注：《漢書》；北京，中華書局，1962 年，六月，頁 1719～1721。

〔註16〕周佳榮編著：《童蒙啟程》；香港：中華書局，2016 年 10 月初版，頁 18～19。

〔註17〕《敦煌。生而傳奇》第二集：騰訊視頻出品，節目備案號：V1904073210104002，總導演：魯安。麥根和孔。魏瀾與學術顧問群劉衛東、何輝、常彧、鄭炳林（蘭州大學敦煌學研究所所長）、史瀚文（Neil Schmis）、高奕睿、馬伯庸和沙武田。

　　倉慈行政清廉，處事有方，深受吏民敬畏及愛戴，以實行屯田制經驗，為敦煌當地軍隊給養和徵收稅糧提供良好解決方案，為敦煌打好經濟基礎，對後來敦煌發展產生深遠的影響，在歷史脈絡中，敦煌曾有的輝煌就猶如一個塞外小國，不但有自己文化、經濟和政治的完整發展，甚至開始有對童蒙教育的設立。如《孔子家語》共十卷、四十四篇，魏王肅（195～256）注《孔子家語》，又名《孔氏家語》，或簡稱《家語》，是一部記錄孔子及孔門弟子思想言行的著作。

## 三、沮渠蒙遜

　　當沮渠蒙遜一統河西，初始並未得人心，他將目光投向絲綢之路，當時中原世家大族士人多避難至此，中原文化與異域思潮交融互鑒，敦煌及河西走廊被外來的僧人視為傳教佈道的聖地。在國師天竺高僧曇無讖（385～433）啟示和幫助下，開始推行佛教，吸納當地的民風民俗，廣立功德，譯經開窟，橫貫河西，漸贏得人心，敦煌的歷史價值亦從經濟角度開始轉變。

　　佛教源於印度，公元一世紀傳入中土，十六國時期始盛行於河西一帶，敦煌為外教僧人的傳教聖地。前大英圖書館中國館負責人、漢學家吳芳思（Frances Wood）云：

> 開窟完全是個印度的概念，印度教徒在山上修建洞窟，朝聖者走訪印度時，把他們看到的直接照搬了過來。

　　今日莫高窟被奉為古代世界最壯麗的瑰寶之一，當時工匠們多依照印度僧人隨身攜帶的小銅佛像，繪畫在牆上或製作佛像或築造大批巨石佛像，印度僧人們亦督視諸多佛窟開鑿，當時有名的石窟如思惟菩薩金塔寺石窟西窟（北梁或者北魏初期）、飛天金塔寺石窟東窟（北梁或者北魏初期）、脅侍菩薩金塔寺石窟東窟（北梁或者北魏初期）、天宮伎樂文殊山石窟（北梁或者北魏初期）、供養菩薩天梯山石窟（北梁）、脅侍菩薩天梯山石窟（北梁），在北梁王沮渠蒙遜尊崇佛教下，敦煌現存最古老的石窟，就建於其當政時期，史稱「北梁三窟」（即莫高窟第 268 窟、莫高窟第 272 窟、莫高窟第第 275 窟）。當時各國首領為掠奪高僧，群雄兵戎相見，北魏太武帝拓跋燾特邀國師高僧曇無讖北魏面會，北梁王終怒不可遏，決在途中刺殺高僧曇無讖，公元 433 年沮渠蒙遜染疾辭世，然六年後敦煌已為北魏太武帝所有，自此佛教薪火長存於敦煌石窟，敦煌以其地理之利，弘揚佛法影響之遠，流傳至今。馬伯庸云：

> 五胡十六國的一個大分裂期，前後長達三百年，而河西走廊呢？
> 就像是一個保溫箱，他將中原文化的火苗保存下來一支，悉心呵護，
> 並讓這枚種子跟多種域外文化結合，最後成長成為一種擁有獨特氣
> 質的文化特色。這個特色繼承自漢，從西涼延伸到了北魏，而北魏
> 又把它傳承給了隋唐。〔註18〕

　　今天在歷史洪流中看沮渠蒙遜，直可說他和曇無讖是敦煌石窟真正創始人，因其治國野心和企圖心，才造就了今日燦爛的敦煌石窟文化，由其正式引入佛教，譯經開窟，橫貫河西並把石窟文化推向另一個高峰。敦煌自漢始、經魏、五胡十六國傳承的歷史意義的延續，敦煌更曾為西涼國都，可見敦煌的價值也進由邊防、戰略、經濟、政治，再衍生到教育、文化和宗教的發揚光大。

## 四、唐—武則天

　　公元七世紀晚期，中原大地天災連綿，飢荒、颶風、瘟疫肆虐，卻有武則天巧妙地善用人民百姓的恐懼反闡釋為天有異象，接而為自己稱帝造勢。森林鹿云：

> 武則天利用宗教為自己登基當皇帝在造勢，所以她的御用文人
> 說，天底下哪兒又出了奇怪的事，預示著說我們武皇后要當皇帝了。

百姓將國泰民安的希望，寄託在武則天身上。佛經明示，救苦救難的神佛以女身降世，即是武曌，加上以《大雲經》廣為宣傳自己為彌勒佛轉世。公元690年，唐睿宗無奈退位，武則天稱帝，改元天授，改國號為周，她終於成為中國第一位，也是唯一的女帝。五十載春秋，武則天從出身卑微的才人，一躍成為天下最有權勢的女人。她倚仗佛教，斡旋退敵，當時百姓信奉武曌就是救苦救劫的彌勒佛，武則天下詔，廣為宣教彌勒佛轉世之說。此時遠在敦煌的陰氏家族聽聞女帝詔令，料想飛黃騰達之機已來，有感天子若見陰氏的非凡供奉必龍顏大悅。陰氏家族在莫高窟中修葺別洞，特築造一尊以武則天為模型的彌勒佛像端坐其中（即北大像，莫高窟第96窟，初唐），此佛傳世成為天下最宏偉的佛像之一，迄今仍是中國至阿富汗巨佛群像中最為宏偉的佛像。森林鹿曰：

〔註18〕《敦煌。生而傳奇》第三集：騰訊視頻出品，節目備案號：V1904073210104002，
　　　　總導演：魯安．麥根和孔。魏瀾與學術顧問群劉衛東、何輝、常彧、鄭炳林（蘭
　　　　州大學敦煌學研究所所長）、史瀚文（Neil Schmis）、高奕睿、馬伯庸和沙武田。

北大像給人一種特別的圓潤，很女性化慈悲的這樣一種觀感，

所以一直都有這種說法說，北大像是按照武則天的面容來塑造的。

武則天在位時，敦煌演進為地位更顯赫的佛教聖地，佛教文明東學西漸，一改以往從西向東的傳播，呈現回流之勢，石窟藝術繁盛，僅盛唐就開鑿有八十多個洞窟（如西方淨土變，莫高窟，第220窟，初唐）、（莫高窟第45窟，盛唐）（釋迦牟尼涅槃像，莫高窟第158窟，中唐）（阿難塑像，莫高窟第45窟，盛唐）（菩薩塑像，莫高窟第194窟，盛唐）（莫高窟第285窟，西魏）（伎樂天，莫高窟第305窟，隋）（西方極樂世界的樂舞與建築，觀無量壽經變局部，莫高窟第217窟，盛唐）（經變畫樂舞圖，反彈琵琶，莫高窟第112窟，中唐）（莫高窟第57窟，初唐）（佛說法彩塑一鋪，莫高窟第328窟，盛唐）。敦煌研究院研究員史瀚文（Neil Schmid）說：

盛唐時期，有一個非常有意思的變化，就是洞窟開始變得格外中國化，變為中式風格。

畫像、佛像呈現的西天佛祖和菩薩，不再是高高在上的天國之神，變得生活化，更具中原人間烟火氣，中國佛教藝術呈現嶄新風格，譬如「飛天」結合了天竺佛教天人、中國道教羽人和西域仙人的形象。莫高窟的不拘一格，融合中原歷朝最輝煌的美學，與西方諸多藝術流派，成為人類藝術史上的一座巔峰堡壘。

武后在位之際，佛教被立為唐朝的正統宗教，並東渡日本，遠播朝鮮半島。武后當權之際，大唐空前昌盛安寧，延續了從貞觀之治以來的盛世圖景。隋唐史研究專家于賡哲說：

除了武力強盛之外，關鍵還有一點，文化向四周的輻射，所以那個時候，唐朝是整個東方世界的一個領袖，國際秩序的一個主導者。

大阪大學名譽教授森安孝夫表述：

像武則天這樣的女性是前所未有的，可以說這樣的人是前無古人，後無來者的。

武則天雖攀至權力巔峰，卻自知皇權不可永繼，隋唐史研究專家于賡哲又說：

她有著一個男性皇帝遇不到的難題，那就是到了她晚年，選擇哪個姓的人來當繼承人，其實心裡頭已經很明白，武周王朝就此一屆便要告終。

武則天晚景淒涼，她曾在權力遊戲中擊敗所有男人，登頂巔峰的女人，最終在神龍政變中被擊潰，落敗一載便與世長辭。〔註19〕

武則天為唐朝創造的盛世，同樣地為敦煌文明帶來另一個高峰，只是天有不測風雲，人有旦夕禍福，唐末的敦煌並不能承續已有的輝煌，卻只能在戰亂中，承載歷史給它的使命與挑戰。

此時期在蒙書方面或有《千字文》，由南梁周興嗣從王羲之書法編綴成文，全文共一千字，僅正體「潔」和異體「絜」曾重複出現過，每句四字，兩句間互相對仗，隔句用韻，開頭兩句詩「天地玄黃，宇宙洪荒」，其內容包括天文、地理、修身、治家、歷史等，其中還有很多典故和成語，可作為認識中國古代文化的入門讀物。〔註20〕由於《千字文》教曉兒童識字的效率很高，故自隋至唐，作為啟蒙教材被廣泛使用。

又有《兔園冊》，亦稱《兔園策》、《兔園冊府》，一據南宋王應麟（1223～1296）《困學紀聞》，《兔園冊》作者是唐代杜嗣先（634～712），三十卷，內容「仿應科目試，自設對問，引經史為訓」。晁公武（1101～1180）《郡齋讀書志》謂作者為唐代虞世南（558～638）。此書收集古今事蹟四十八門，採對偶語句為十卷。〔註21〕五代時流行於鄉村學塾，原書已佚，《鳴沙石室佚書》中存半篇序文。

## 五、吳洪辯

公元846年，吐蕃任命當時僧團首領吳洪辯維繫時局，吐蕃統治者對他委以重任，督察抄經，而最終洪辯法師竟成為扭轉敦煌運勢和成為藏經洞之主人。

洪辯擅於領導，「以四攝攝僧，六和和眾」，為敦煌佛教的發展竭盡心力，也為吐蕃穩定河隴地區作出了一定貢獻。為了表示對佛的虔誠，洪辯立下宏願，決心開鑿功德窟，救佛教於末法之時。他傾其所有，又四處募捐，爭取僧眾支持。大約在大和六年（832），洪辯招募良工巧匠正式開鑿七佛堂，歷二年而成。七佛堂即現存敦煌莫高窟第365窟。根據敦煌研究院編《敦煌莫高窟內

---

〔註19〕《敦煌。生而傳奇》第四集：騰訊視頻出品，節目備案號：V1904073210104002，
　　　　總導演：魯安。麥根和孔。巍瀾與學術顧問群劉衛東、何輝、常彧、鄭炳林（蘭
　　　　州大學敦煌學研究所所長）、史瀚文（Neil Schmis）、高奕睿、馬伯庸和沙武田。
〔註20〕周佳榮編著：《童蒙啟程》；香港：中華書局，2016年10月初版，頁26～27。
〔註21〕周佳榮編著：《童蒙啟程》；香港：中華書局，2016年10月初版，頁338。

容總錄》一書介紹，第 365 窟為覆鬥頂形制窟，西壁設一佛壇，壇上塑七世禪定佛，四壁繪「法華經變」、「華嚴經變」、「藥師經變」、「報恩經變」等以及文殊、普賢及千佛諸聖。該窟規模宏大，流光溢彩，氣勢非凡。〔註22〕

　　洪辯不為浮華迷惑，清靜修行，大力弘法。在他的領導與主持下，敦煌譯經、講經不斷，法會頻繁，開窟不止。從現存敦煌莫高窟的諸多歸義軍初期洞窟以及敦煌文書中大量存在的歸義軍時期的寫經，可以看出敦煌佛教信仰世俗化程度之高，這顯然與以洪辯為首的河西僧團的竭力弘教是密不可分的，從後來藏經洞中的文獻發現，更可證明洪辯為敦煌文明所付出的努力和堅持。

　　唐代宗廣德（763～764）年間，有李瀚撰《蒙求》，共五百九十六句，二千四百八十四字，編成四言韻語，採輯傳說和歷史人物的言行故事，共五百多個典故，風行天下，成為古代重要的蒙學課本。由於《蒙求》具開創性，在蒙學史上與《急就篇》、《千字文》先後輝映，歷久不衰。〔註23〕

　　又有《開蒙要訓》，作者和成書年代都不可考，惟敦煌石室保留了唐代寫本，流傳於唐代和五代。介紹自然名物、社會名物、寢處衣飾、身體疾病、器物工具、行動操作、飲食烹調等知識，以四言韻語，無複字，內容較通俗，注重實用，共一千四百多字。〔註24〕

　　還有《太公家教》，亦是古代蒙學課本，編者佚名，書中有「太公未遇」句，後人或以此名書。此書文字通俗淺顯，多用四言韻語，內容關於日常生活的道德要求與待人接物處世之格言。此書應自唐代中葉至北宋初年流行於中原，十一至十七世紀，為北方和東北地區少數民族所採用，並被譯成女真文和滿文。收入《鳴沙石室佚書》中。〔註25〕

　　又有《諸雜難字一本》P.3109，題下有「太平興國八年（983 年）記」，全書 500 餘字多不注音，僅在少數字下加注漢字直音，疑或與敦煌地區保留的某些方音或難讀字相混有關。〔註26〕繼有《新集嚴父教》S.4307 卷尾題有「安參

---

〔註22〕　《敦煌。生而傳奇》第四集：騰訊視頻出品，節目備案號：V1904073210104002，總導演：魯安。麥根和孔。巍瀾與學術顧問群劉衛東、何輝、常彧、鄭炳林（蘭州大學敦煌學研究所所長）、史瀚文（Neil Schmis）、高奕睿、馬伯庸和沙武田。

〔註23〕　周佳榮編著：《童蒙啟程》；香港：中華書局，2016 年 10 月初版，頁 40～41。

〔註24〕　周佳榮編著：《童蒙啟程》；香港：中華書局，2016 年 10 月初版，頁 339。

〔註25〕　周佳榮編著：《童蒙啟程》；香港：中華書局，2016 年 10 月初版，頁 339。

〔註26〕　汪泛舟編著：《敦煌古代兒童課本》；蘭州：甘肅人民出版社，2000 年 6 月，頁 2。

謀學侍郎李神奴寫《嚴父教》記之耳」，此亦證明此蒙書應為十世紀左右流行於敦煌地區的蒙書之一。〔註27〕

聯芳案：但以當時吐蕃佔領敦煌的混亂局勢，《蒙求》、《開蒙要訓》、《太公家教》、《諸雜難字一本》、《新集嚴父教》未知在當時能否充分發揮其蒙書教育的效用，惟自宋至清代，僅《蒙求》一書仍在民間廣泛流傳。

## 六、西夏

西夏的經濟主要發展在畜牧業、農業和手工業。因為西夏疆土自古就有著良好自然條件的牧區和半農半牧區，例如河西涼州有「畜牧甲天下」的美譽，歷來有牧羊、牛和駱駝的傳統。西夏自立國後，積極發展農田水利灌溉，推廣農業生產技術，銀川平原更是最早開發引黃河水灌溉區，特別是在安西榆林窟西夏壁畫中有其形象的描繪，所以西夏的農田耕作技術，與宋代北方地區基本相同。西夏手工業門類齊備，有冶金、製鹽、釀酒、陶瓷、建材、毛皮加工、棉麻紡織、造紙和印刷等等，其中毛紡、冶鐵和印刷在中國古代手工業發展史上有著重要的影響。西夏活字印本的雕版印刷堪與宋朝相媲美，也是目前世界上保存下來最早的活字印本。

創建西夏的黨項人本是較原始的遊牧民族，統轄區內有大量漢人和其他民族成員。自公元581年歸附隋朝後，長期在漢民族文化的薰陶影響下，西夏文化形成的特點就是吸收了儒家文化作為其治國之本。西夏建國前為宋朝屬國，在儀衛、服飾、天文、曆法、職官、尊號、宮殿和宗廟建設，主要都是模仿漢族中央王朝的制度。西夏建國後，經過蕃、漢兩種文化鬥爭，才逐步確立了以儒治國之道。特別是仁孝時期，儒學受到空前重視，大量儒家經典被譯成西夏文，作為學校教材。如仁宗時期的大儒斡道沖，精通《尚書》、《五經》，更將《論語》譯成西夏文，並用西夏文撰寫《論語釋義》，當時斡道沖受到如孔子一樣的尊重。

西夏崇信佛教，前期流行漢傳佛教，後期藏傳佛教的影響愈來愈大。多次從宋朝輸入《大藏經》，西夏竟然僅用了53年時間，就譯出西夏文佛經3579卷，可稱為中國譯經史上的壯舉。在翻譯、版刻佛經的同時，還在興慶府東、西和涼州、甘州等多處大建佛窟寺塔，在敦煌莫高窟與安西榆林窟重新彩繪和裝修大量洞窟。

---

〔註27〕汪泛舟編著：《敦煌古代兒童課本》；蘭州：甘肅人民出版社，2000年6月，頁9。

　　西夏在音樂、繪畫、書法和雕塑上的成就與現實生活息息相關，體現西夏文化的審美觀，同時具有民族特點的藝術風格。但是西夏文化最重要的特點還是創制了自己獨特的西夏文字。為了要提高黨項人的民族意識，李元昊命令大臣野利仁榮創制西夏文字，詔令在全國推行，官方文書、民間契約、歷史、語言、法律著作，大量漢藏佛經，儒家經典都被譯成西夏文。西夏文字在造字原則上，由於長期漢化的因素，所以字的筆畫、型態、書寫規則上，都未能脫離漢字的影響。故二者有共同之處，如 1. 皆為表意文字體系，難認、難寫、難記，2. 都屬方塊文字，也有漢字的點、橫、豎、撇、捺和提等，3. 80%屬會意合成字，也有形聲字，4. 都有楷書、行書、草書、篆書等書法藝術；也有不同之處，1. 西夏字筆畫繁複，2. 西夏字斜筆較多，即撇、捺較漢字多，3. 西夏字沒有漢字明顯的偏旁體系，4. 漢字從原始的象形文字發展而來，西夏字的文化背景是黨項人漢化後才創造，5. 西夏文語法結構，與造句法和漢字不同，如「第一」作「一第」，「下雪」作「雪下」等等。西夏滅亡後，西夏文仍繼續在某些地區使用，元朝和明代都先後刊印西夏文佛經。由於故宮博物院藏木刻版西夏文《高王觀世音經》（一卷）發願文，標明刻經時間為大明朝壬子五年正月五日，應為明太祖洪武五年（1372年），令明孝宗弘治十五年（1502年）在今河北省保定建有西夏文經幢，故西夏文創制後，使用流傳至少有 460 年之久。〔註28〕聯芳案：從以上記述可見，西夏立國近二百年（1038～1227），除了積極吸收先進的漢族文明，憑借農牧的自然條件，創造了獨特的西夏文化，更推進西北地區的統一和民族融合，間接為中國元代的大一統奠下不可或缺的基礎，可惜位於河西走廊的敦煌，在增加西夏文化色彩的同時，敦煌原有的歷史輝煌卻逐漸被褪色和淘汰。

# 第三節　藏經洞之由來與發現

## 一、吳洪辯

　　洪辯餘生駐守敦煌，父輩遺願既已實現，著手在敦煌築造三層的家窟以記錄家族榮光，其所造之大佛窟，即今敦煌莫高窟第 16 窟，亦稱吳僧統窟。在其甬道北壁又開一禪室，即第 17 窟。第 17 窟為吳洪辯的影堂，更是後來舉世聞名的藏經洞。咸通三年（862），敦煌僧界的靈魂人物洪辯圓寂歸化，弟子悟

---

〔註28〕參考 xixia.nxu.edu.cn

真等在其生前禪室塑其尊像，以便時時憑弔。洪辯塑像和告身碑至今猶存，但洪辯死後的幾百年，朝代興衰更迭，文明演進嬗變，經歷五代、宋、遼、金和蒙古等戰亂變遷的洗禮，敦煌從此被黃沙掩埋，成為被世人所遺忘的城邑，雖仍有商人路經此地，卻也早復昔日要路之繁華。但卻意外為一段後世傳奇埋下伏筆，更成為曠世之寶。歷史作家馬伯庸說：

> 洪辯去世以後，為了紀念他的功績，就在他經常打坐的地方修了一個影窟，把他的塑像也放在這個影窟裡面，位置是在 16 窟旁邊的一個耳洞（洪辯塑像，莫高窟第 17 窟，晚唐）。

公元 862 年洪辯法師圓寂，此後百年的朝代興衰、更迭，文明演進、嬗變，經歷戰亂和變遷，敦煌被黃沙掩埋，成為被世人所遺忘的城邑。雖偶有商人路經此地，卻早不復昔日要路之繁華。陝西師範大學歷史文化學院教授沙武田曰：

> 絲綢之路是從元代以後真正衰落，衰落的主要原因跟航海技術的發展有關係，跟中國整個經濟由北向南轉移，也有一定的關係。

洪辯百年後，僧人們將寫本和經書存置於洪辯的影窟，就在他家窟的一側，或為保護經卷免於戰火，或以特殊方式供奉，封窟的原因至今眾說紛紜，總之在公元 1002 年後的某日，藏經洞閉窟封洞與世隔絕。敦煌研究院研究員史瀚文（Neil Schmid）曰：

> 藏經洞裡的成千上萬卷資料，內容涵蓋了當時人們日常生活的方方面面，與上百個色彩斑斕的千年洞窟相互映襯，這在世界上絕對是獨一無二的，沒有什麼能與之相提並論。〔註29〕

為何僧人們在洪辯百年後，將眾多寫本和經卷置於洪辯家窟的一側的影窟內？其封窟原因眾說紛紜，甚至在宋真宗咸平五年（1002）後的某日，藏經洞就此閉窟封洞，與世隔絕，這像謎語一樣的問題，亦成為今日藏經洞的探索淵源。

敦煌歷經唐武宗的會昌滅佛運動之後，或許當時的僧人們已警戒應如何保護經卷免於戰火或破壞，只能以特殊方式供奉，所以在 11 世紀初，當西夏攻陷沙州之前，三界寺（今莫高窟）僧人為了保護當時珍貴的佛教文物，特意將洪辯塑像移於他處，而將大量佛經、佛畫、法器以及宗教社會文書秘藏

---

〔註29〕《敦煌。生而傳奇》第四集：騰訊視頻出品，節目備案號：V1904073210104002，總導演：魯安。麥根和孔。巍瀾與學術顧問群劉衛東、何輝、常彧、鄭炳林（蘭州大學敦煌學研究所所長）、史瀚文（Neil Schmis）、高奕睿、馬伯庸和沙武田。

於第 17 窟，作為積極的應對措施，此舉是有備而來，除了佛教經文外，藏經洞的文獻更涵蓋文學、歷史、天文、地理、藝術與醫學等等，完整的保持當時社會方方面面的面貌，這樣的完整的紀錄，回看當日正是無心插柳柳成蔭。

## 二、清—王圓籙（1849～1931）

　　光緒二十六年（公元 1900 年），敦煌莫高窟道士王圓籙本是酒泉兵士，與軍伍離散流落至被荒棄的莫高窟，在清除第 16 窟甬道的積沙時有驚人發現，即第 17 窟藏經洞。這個道士的無心之舉，竟成就了驚世的考古發現。在一個密封的洞窟裡，發現成千上萬件古老卷宗，往昔的沙場英雄、神秘過客、帝王將相躍然紙上。他們從何而來，為何藏匿千年？

　　公元 1907 年，洞窟寶藏傳言不脛而走，傳遍絲路，先引來英國探險家斯坦因（Aurel Stein）和蔣孝琬（？～1922）。洞窟的寶藏乍聽難以置信，但斯坦因敏銳察覺這或許將是轟動世界的發掘。當他看到眼前一切，深為藏經洞規模之巨震驚。前大英圖書館中國館負責人、漢學家吳芳思（Frances Wood）云：

　　　　這是世界上最早的紙製檔案，這些經卷大部分都是中文的，但
　　也有使用當地語言的，這些經卷被書寫的時候，歐洲甚至還沒有紙。

這些無價之寶，為何會封藏在藏經洞裡，至今仍未有定論，但學者們已很接近找尋和研究藏經洞真相。

　　斯坦因在諸多經書之中，發現有一卷公元 868 年的《金剛經》尤為精美，是現存於世最早的印刷書籍，如今這部經書珍藏於大英圖書館，還有（釋迦牟尼靈鷲山說法圖，初唐）、（摩尼文回鶻語摩尼教徒懺悔詞，公元 10～11 世紀）皆現存於大英博物館。除了佛教經文，藏經洞內的文獻種類涉獵極廣，涵蓋了文學、歷史、天文、地理、藝術、醫學等等，涉及當時社會的方方面面。馮培紅曰：

　　　　斯坦因從王道士手上獲得了藏經洞的文物，其中包括 24 箱寫本
　　文書和五箱繪畫品，他是以捐功德錢的這樣一種形式，騙取了藏經
　　　　洞的文物，把這些東西運到了倫敦。

對於積弱不振的清政府，斯坦因此舉無異是向全世界發出信號，接著法國的保羅‧伯希和（Paul Pelliot）和世界各地的考古學家和科學家紛至沓來，成千上萬的寫本和經卷從此離開古老的敦煌，飄洋過海，流散四方。沙武田云：

　　它是現在目前我們看到的延續時間最長，規模最大的歷史文化
遺存，包括在這一千多年時間，中古時期人們日常的生活。
　劍橋大學亞洲與中東研究系教授漢學家高奕睿（Imre Galambos）說：
　　　這些都是前所未見的一手資料，它們幾乎革新了整個關於中國
　的歷史研究，尤其是在西方。
古經卷的發現，在世界掀起敦煌研究的熱潮，千年洞窟藝術，引得萬眾矚目，
今天莫高窟被譽為古代最絢爛的藝術瑰寶。大阪大學名譽教授森安孝夫表述
說：
　　　敦煌歷經千年，依舊栩栩如生，可以認為敦煌藝術是西域藝術
　和中原藝術相互融合的產物。
敦煌研究院研究員史瀚文（Neil Schmid）曰：
　　　藏經洞中的繪畫和寫本的價值，體現在各個方面，它們所展示
　的呈現出不同文化背景下人們的生活細節，是在敦煌融合共生的多
　元文化，以及他們之間的和諧共生。〔註30〕
　　從現有各國揭露的敦煌資料顯示，藏經洞裡的成千上萬卷資料，它們是現
在我們看到延續時間最長、規模最大的歷史文化遺傳，內容涵蓋了超越這一千
多年時間，中古時期當時人們日常生活的方方面面，這些文獻都是前所未見的
一手資料，不但與上百個色彩斑斕的千年洞窟相互輝映，它們更幾乎革新了整
個關於中國的歷史研究，這在全世界絕對是獨一無二，沒有什麼能與之相比。
今日被各國掠走莫高窟中大部分的佛經典籍、法器及社會政治、經濟、法律等
各種文書和部分仍留在中國的殘本，就是舉世聞名的敦煌文書。這些古經卷的
發現，在世界掀起敦煌研究的熱潮，千年洞窟藝術贏得萬眾矚目，莫高窟被譽
為古代最絢爛的藝術瑰寶。聯芳案：縱觀「敦煌」雖歷經千年風沙的吹襲，卻
依舊栩栩如生，真正是西域藝術與中原藝術相互融合的產物。藏經洞中的繪畫
和寫本的價值不僅體現在各方面，亦同時展示出不同文化背景下人們的生活
細節，是敦煌真正融合共生、多元文化的光彩。敦煌文書發現的加持，對於中
國歷史，尤其是河西歷史的研究，更有着「補正史之不足」的文獻價值。近百
年來，國際學人積極研究，碩果累累，也使今日的敦煌學成為真正的國際顯學。

〔註30〕　《敦煌。生而傳奇》：騰訊視頻出品，節目備案號：V1904073210104002，總
　　　　導演：魯安。麥根和孔。巍瀾與學術顧問群劉衛東、何輝、常彧、鄭炳林（蘭
　　　　州大學敦煌學研究所所長）、史瀚文（Neil Schmis）、馬伯庸和沙武田。

# 第三章　古代家庭教育及其與
# 敦煌蒙書之關係

　　家訓是中華傳統文化的重要載體，也是古代家庭教育傳承的重要渠道。樓含松主編《中國歷代家訓集成》，提出對當代家庭倫理和社會道德建設的看法，認為不論時代或生活格局發生多大的變化，都應重視家庭建設，注重家庭、家教、家風，緊密結合培育和弘揚家庭為核心的價值觀，發揚光大中華民族傳統家庭美德，促進下一代健康成長，老年人老有所養等。〔註1〕樓氏希望借助整理中國歷代豐富的家訓文獻，剖析傳統家訓的精神，這實在具有非常積極的意義。

　　家訓最早起源於《尚書・堯典》其訓誥典令，如「克明俊德，以親九族。九族既睦，平章百姓。百姓昭明，協和萬邦。」〔註2〕和《尚書・大禹謨》「克勤於邦，克儉於家」〔註3〕等訓令，或可視為帝王之家最早的家訓文化。關於家庭教育的文獻，最早個人撰寫的是魏晉南北朝時顏之推（531～591）《顏氏家訓》，還有唐代不著撰人的《太公家教》，另有說法認為宋代王應麟（1223～1296）作《三字經》、司馬光（1019～1086）《溫公家範》、清代孫奇逢《教子家訓》和朱柏廬的《朱子治家格言》等。這些童蒙課本多為宣揚倫理綱常和處世哲學。

---

〔註1〕樓含松主編：《中國歷代家訓集成》；杭州：浙江古籍出版社，2017年11月，頁1～2。
〔註2〕段玉裁撰：《古文尚書撰異》；經韻樓叢書，七葉衍祥堂藏版，香港中央圖書館。
〔註3〕段玉裁撰：《古文尚書撰異》；經韻樓叢書，七葉衍祥堂藏版，香港中央圖書館。

　　然自漢而宋這段歷史時期，敦煌產生過大批碩學儒子，留下許多兒童寫本在內的漢蕃文化的豐富資料。歷經時代的變遷，直至 1900 年才從敦煌藏經洞中發現有學郎、學仕郎的蒙書寫本，這證實和反應出敦煌古代家庭教育與當時中原文化的一致性，亦彰顯敦煌在時代變化和身處地域的特殊性，從敦煌發現這些形式多樣、總數達四十多種、寫本亦多達 200 多個卷號的兒童抄寫本。本章將再次借英藏、法藏敦煌寫本的紀錄，略述如下：1《上大人》P.3145、P.3797、P.3806、P.4990；2《字樣》S.388；《正名要錄》S.388；3《新集時用要字一千三百言》S.610；4《南方物名書》S.5513；5《難字》S.5690、P.2948；6《新商略古今字樣》S.5731、S.6268；7《字書》S.6329；8《諸雜難字一本》P.3109；9《時要字樣》；10《千字文》；11《開蒙要訓》S.705、S.1308、S.2947、S.5431、S.5449、S.5463、S.5464、S.5584、S.6131、S.6224、P.2487、P.2578、P.2588、P.2717、P.3029、P.3054、P.3102、P.3147、P.3166、P.3189、P.3243、P.3311、P.3408、P.3486、P.3610、P.3875、散 218、散 679，約 27 種寫卷；12《蒙求》P.2710、P.4877、敦藏#95；13《新合六字千文》；14《百家姓》P.4585；15《姓望書》S.5861；16《郡望姓氏書》P.3191；17《姓氏書》P.2995；18《姓氏錄》北圖 8418；19《百行章》；20《太公家教》67 種；21《新集文詞九經鈔》P.2557、S.5754 等16 個寫卷；22《文詞校林》；23《新集嚴父教》S.3904、S.4307、S.4901、P.3793；24《孔子家語》；25《論語》；26《孝經》；27《崔氏夫人訓女文》S.4129、S.5643、P.2633；28《吉凶書儀》P.3442；29《書儀鏡》S.329、S.361；30《新定書儀鏡》P.3637；31《大唐新定吉凶書儀》S.6537；32《新集諸家九族尊卑書儀》〈朋友有疾相問書〉〈與道士書〉S.5613、P.3502、P.4050；33《新集吉凶書儀二卷》P.2556、P.2646、P.3246、P.3249；34《字寶》又名《碎金》S.619、S.6204、P.2058、P.2717、P.3906；35《九九乘算歌》S.4569；36《立成算經》S.930；37《算經并序》P.3349；38《漢藏對譯字書》P.2762；39《漢藏對譯〈千字文〉》P.3419；40《漢藏對譯〈佛學字書〉》P.2046；41《大寶積經難字》、《大般若經難字》P.3823；42《涅槃經難字》P.3578；43《雜字》S.5513、S.5514、S.5643；44《六合千文》S.5647；45《文詞教林》P.2612；46《辯才家教》S.4329、P.2515、P.3622、P.4034；47《兔園冊府》S.614、S.1086、S.1722、P.2573 等等〔註 4〕，作為探討古代家庭教育與敦煌蒙書關係之橋樑。

---

〔註 4〕汪泛舟編著：《敦煌古代兒童課本》；蘭州：甘肅人民出版社，2000 年 6 月，頁 1～221。

以上 47 種蒙書的發現對現今敦煌蒙學的研究實在非常有開創性，但令人驚訝的是，其中有相隔千年之久才又再出現的童蒙書，如：《太公家教》、《開蒙要訓》等，原來皆為曾流傳於敦煌地區的兒童寫本，卻於宋以後在中原佚亡，幸賴敦煌藏經洞的保存，才使現代人得窺其貌，並有機會研究探索該書的產生、流傳和佚亡的歷史事實。〔註5〕王國維《觀堂集林》曾云：

> 陶九成（1329～1412）《輟耕錄》卷二十五所載金人院本名目亦
> 有《太公家教》，蓋衍此書為之。則此書至宋、元間尚存。〔註6〕

王重民〈跋太公家教〉亦云：

> 是書為唐末五代時童蒙課本，曾普遍流行一時，故敦煌寫本甚
> 多，然無一佳者。〔註7〕

然而，敦煌藏經洞遺存的以上寫本，大多為殘卷，只有非常少數較為完整的寫本，也是訛誤互見，必需經比勘、互校，為進一步了解敦煌蒙書的發展和分類，本章將先剖析古代家庭教育和蒙書的關係，進而對蒙書作分類及其書目和功用的研究，作為此章的切入點。

# 第一節　古代家庭教育

中華文化自古重視家庭倫理和道德修養，南朝梁顏之推（531～597）的《顏氏家訓》〔註8〕，是我國最早也最完整的古代家庭教育著作，其內容全面，以「述立身治家之法，辨正時俗之謬」，作為古代家庭教育的準則，傳達應以讀書做人為核心；要選擇正確的人生目標；正視和遵守家庭教育的各項準則。其家訓在世代傳承中形成的道德規範、傳統約束等，在在顯示歷史上眾多志士仁人的成家立業之本。又如西漢司馬談的〈命子遷〉和蜀諸葛亮的〈戒子書〉，亦是古代家庭教育為子女立志的重要指標。故當子女牙牙學語、初開茅廬時，考慮接受何種啟蒙教育之重要性，成為古代家庭教育的重心，漢至唐如班昭《女誡》、顏之推《顏氏家訓》、杜正倫《百行章》、李世民《帝範》、蘇瓌《中

---

〔註5〕汪泛舟編著：《敦煌古代兒童課本》，蘭州，甘肅人民出版社，2000 年 6 月，頁 1。

〔註6〕王國維著：《觀堂集林》；臺北市：藝文印書館，中華民國 45 年 1 月初版，中華民國 47 年 5 月再版，頁 207。

〔註7〕王重民著：《敦煌遺書論文集》；北京，中華書局，1983 年，頁 134。

〔註8〕顏之推撰：《顏氏家訓》；臺北市：商務印書館：1979 年。

樞龜鏡》、李恕《戒子拾遺》、柳玭《柳氏敘訓》、鄭氏《女孝經》、宋若昭《女論語》、佚名者有《太公家教》、《武王家教》、《辯才家教》《新集嚴父教》、《崔氏夫人訓女文》、《黑心符》〔註9〕等，皆為中古至近代家喻戶曉的啟蒙讀物，凡長輩教養子侄，多利用上述蒙書，就日常事務、人情世故，娓娓道來，告誡子孫珍惜光陰、勤儉持家、教讀、言行、處事、立身、交友等方面，規勸兒孫做人要坦蕩胸懷，遇事留有餘地，才能成為有道德學問的聖賢，自勉達到「修身、齊家、治國、平天下」的最高境界。總體而言，漢唐時期的家訓數量並不多，存留至今的非常有限，或可視為這一時期家訓著述還沒有形成風氣，相形之下，敦煌寫本《太公家教》的發現就更具時代意義。

　　縱觀先秦、漢魏六朝、唐、宋、元、明時期，我國古代官學、私學歷史皆源遠流長，官學時興時廢，私學卻從未間斷過。私學可分為師授、家傳兩種，師授主要為教蒙童識字和基本知識的蒙學；或為年齡稍長，程度較高的學生從事問學或學習時文，作為應試之用。家傳則是家長為子弟啟蒙，除傳授基本知識，也傳授較高深的學問。〔註10〕對於古代家庭教育的執行，除有歷史的時代性，更具有鮮明的階級性，更因為中國以農立國，封建制度下，古代的學校教育並不普及，教育對象多限制於世襲制的官僚貴族子弟，對於以農為主的一般普通家庭或是貧困家庭，能夠吃飽穿暖才是最大的先決條件，這種情況下的古代家庭教育若要成為官學或私學教育的後補，在根本上非常困難，但古代家長或個人多為了擺脫對現實環境的不如意，故非常重視家庭啟蒙教育。古代啟蒙家訓的內容始終以儒家倫理道德為核心，儒家思想是積極入世的倫理哲學、道德哲學和生活哲學。儒家重視人格的養成與家庭建設，視其為社會和諧、天下太平的基礎，以三綱五常為社會人際交往的基本道德準則，自漢而唐，傳統家訓的立足點，主要內容就是教育子孫、尊祖宗、孝父母、和兄弟、嚴夫婦、守婦德、重教育、勉讀書、崇勤儉、尚廉潔、睦宗族、厚鄰里。儒家倫理道德的實踐，重「修身」、「齊家」、「治國」、「平天下」。「處世之道」以「溫、良、恭、儉、讓」為圭臬。只是在中國傳統男尊女卑的主流觀念盛行，傳統家訓總體以「夫主婦從」為基本立場，對女性多有約束，這亦是時代的侷限。〔註11〕

---

〔註9〕樓含松主編：《中國歷代家訓集成》；杭州：浙江古籍出版社，2017年11月，頁1。

〔註10〕苗春德主編：《宋代教育》，開封，河南大學出版社，1992年4月，頁76～83。

〔註11〕樓含松主編：《中國歷代家訓集成》；杭州：浙江古籍出版社，2017年11月，頁8～11。

另從古人的教育觀念和教育方式，古代家訓的特點不外乎以下四點：

1. 歷代家訓都強調「蒙養」，主張教育要從兒童開始，宗旨在樹立正確的人生觀，亦即所謂的「養正」。即《三字經》「養不教，父之過。教不嚴，師之惰。幼不學，老何為。」強調養成兒童的基本生活習慣和禮儀規範。

2. 注重禮教，致力於強化行為規範，建構生活秩序。儒家主張貴賤、尊卑、長幼、親疏有別，要求人們的生活方式和行為符合社會身分和政治地位。

3. 治家主「嚴」，獎懲分明。欲正人主之心術，以嚴恭寅畏為先務，聲色貨利為至戒。

4. 善用故事，通俗生動，故多論時事，多取典故。〔註 12〕

蒙書的種類繁多，部分可能經過後人陸續增補廣泛流傳；又或蒙書內容多重視教與學，提倡尊敬、孝順父母，友愛兄弟，發揚光大民族傳統美德；個別不同的蒙書會用簡練的語言介紹四時、四方、五嶽、五行、數目、六穀、六畜、七情、八音、九族等基本名物，同時又包括《小學》、《四書》、《五子》、《六經》等必須具備的常識，又有較長篇幅講述歷史、概括三皇五帝、或歷史上發奮求學，終於成材的名人故事，總括來說內容豐富；表現形式上採用押韻文句，易於瑯瑯上口，便於記誦，完全合乎兒童記性強、悟性低的年齡特點；再來就是語言通俗，言簡意賅，詞明理晰，概括性強；最後，全書或三字、四字、五字、六字等成句，變化多樣，生動活潑。〔註 13〕但是從敦煌殘留下來的寫本，為什麼歷史上有部分的蒙書會逐漸消失或淘汰呢？雖然它們真正衰落的原因不明，但是卻可以大膽假設某些蒙書是戰爭頻仍的關係而影響與消失，而今天對敦煌寫本《太公家教》就是基於以上的好奇心驅使，做進一步研究。

李正宇（1958～）發表於《敦煌研究・唐宋時期敦煌的學校》一文，提出敦煌設立學校始於西漢設郡以後，至唐代時敦煌學校之歷史又可區分為初盛唐、吐蕃佔領時期和歸義軍時期等 3 個時期〔註 14〕，而唐宋時期所設學校之概況，如下所述：

---

〔註 12〕樓含松主編：《中國歷代家訓集成》；杭州：浙江古籍出版社，2017 年 11 月，頁 11～14。

〔註 13〕馬欣剛、江建忠編注：《三字經、千家文、治家格言精編》，香港，萬里機構，2002 年 5 月，頁 1。

〔註 14〕李正宇《唐宋時期敦煌的學校》，《敦煌研究》，1986 年第一期，頁 39～47。

初盛唐時期：1. 官學

     2. 私學：州學、州醫學、道學、縣學和義學五類

吐蕃佔領時期：1. 官學

     2. 私學：寺院學校

歸義軍時期：1. 官學（包括州學、州陰陽學、縣學、技術學院）

（晚唐）  2. 私學：

     A. 為家學（偏重《論語》、《太公家教》和禮儀常識）

     B. 義學（包括鄉里坊巷之學和私人學墅）

     C. 寺學（教材偏重《孝經》）〔註15〕

  聯芳案：從上述得知敦煌設立學校始於西漢班超設郡以後，歷經六世紀至唐代時，將敦煌學校歷史區分為初盛唐、吐蕃佔領時期和歸義軍時期等 3 個時期，而官學的形式一直無甚變化，直到歸義軍時期才較為多樣化；但私學卻以儒家和佛教思想面貌蓬勃發展。可見雖在敦煌，古代家長仍一樣重視啟蒙教育，惟有徹底執行童蒙教育，才有利於子孫培養良好的品格，這樣的家庭教育間接促成了私學的進步。

  另王金娥《敦煌學輯刊·敦煌訓蒙文獻研究述論》一文，將高明士之敦煌卷子《沙洲圖經》作為第一手研究證據，後又加上李正宇的研究基礎，將二者加以整合發現，唐宋時期敦煌學校之發展，除官學外，敦煌的私學實際貢獻已超過官學，私學並承擔當時啟蒙教育與中等教育的主要任務；當論述敦煌寺學部分，高氏還辨析了敦煌寺學中師生的身分。原來當時官學、私學皆重視禮儀常識，敦煌的地方教育，其宗旨仍以儒家教孝、教忠為主，特別是「成聖思想在敦煌格外鮮明」更成為該時期敦煌教育的特殊性〔註16〕。聯芳案：從上所述之側面了解可得，中唐以後的敦煌文化史和教育史即為一部分的敦煌史，而敦煌教育中的官學和私學，以「成聖思想」為其教育的特殊性，亦同時為其家庭教育之中心思想。

  敦煌蒙書的廣義概念，經過多種相關方式的判定，從理解敦煌蒙書的淵源切入，探討蒙書概念的起源、演變和爭論，原來「蒙書」初概念之形成，或應於唐宋之際，其主要對象應為童蒙（適齡兒童及部分少年），著眼於兒童教育，

---

〔註15〕王金娥撰：《敦煌學輯刊·敦煌訓蒙文獻研究述論》；2012 年第 2 期，蘭州，敦煌學研究所。頁 158～159。

〔註16〕王金娥撰：《敦煌學輯刊·敦煌訓蒙文獻研究述論》；2012 年第 2 期，蘭州，敦煌學研究所。頁 158～159。

強調其啟蒙功能；「家訓」則主要以包括少年兒童在內的整個家族成員，重在訓誡；「類書」則不分年齡對象、身份，注重編撰方式。如敦煌本《太公家教》的題名已突破了「家訓」一宗一姓的限制，面向天下百姓子弟，雖有「家訓」性質，實為蒙書本質。〔註17〕另敦煌本《語對》《文場秀句》等語詞類、《兔園策府》等屬文類、《事林》《事森》等故事類不同種類的類書，從使用角度來看，其主要作用或為童蒙教育的常用書目，亦實為蒙書。聯芳案：綜觀以上資料，可知部分敦煌蒙書或同時兼具家教、類書的特徵，但蒙書、家訓或類書此三者之間的相異與共通性，殊途同歸其最終目的皆是為家庭、社會、國家提供教育、提倡守禮、尊敬、孝順父母，友愛兄弟，發揚光大民族傳統美德等指標性，亦為古代家庭教育的核心。

## 第二節　敦煌蒙書之分類及其書目

「蒙」字始見《易經》。《易經・蒙求》之《易・蒙・彖》曰：

> 《蒙》，山下有險，險而止。《蒙》「亨」，以亨行時中也。「匪我求童蒙，童蒙求我」，志應也。「初筮告」，以剛中也。「再三瀆，瀆則不告」，瀆蒙也。蒙以養正，聖功也。〔註18〕

周振甫（1911～2000）在對《易傳》說明「蒙以養正，聖功也。」認為培養童蒙才能使得正道，此舉可稱為「聖功」；又稱：君子以果行育德。以上為周氏對啟蒙教育的推重。另朱駿聲（1788～1858）《六十四卦經解》亦解曰：「坎上之五，剛柔得中，故能通發童蒙，令得時中也。

《方言》：蒙，萌也。蒙喻童子弱昧，必依附先生以強立，故曰童蒙。我謂二，二體震而得中，嘉會禮通，陽自動其中。德施地道之上，萬物應之而萌芽生，教授之師取象焉，禮有來學，無往教。故脩道藝于其室，而童蒙者，求為之弟子，非己手求之也。天地君繼以師，故次蒙。又此以寄成王之遭周公也。武王之崩，年九十三矣。而成王八歲，言天後成王之年，將以養公正之道，而成三聖之功。」〔註19〕故童蒙者於教授之師學禮，脩道藝于其室，終禮成而可畢三聖之功。

---

〔註17〕金瀅坤《論蒙書的起源及其與家訓、類書的關係》2020-12-23，https://m.fx361.com/news/2020/1223/7367714.html

〔註18〕周振甫譯注：《周易譯注》；香港，中華書局，1996年4月，頁25～28。

〔註19〕〔清〕朱駿聲著：《六十四卦經解》；北京，中華書局，1953年6月第一版，頁24～27。

又《易・蒙・象》曰：「山下出泉蒙，君子以果行育德。」故「果行者，初筮之義。育德者，養正之功。」〔註20〕即治世蒙以養正，天下可謂歸仁焉，故古人言兒童教育，每有「開蒙」、「發蒙」、「啟蒙」、「訓蒙」、「養蒙」等語。

故蒙學者，實乃我國古代對幼兒啟蒙教育的一個統稱，最早的蒙學論述認為「童蒙」是指幼稚無知、求師教誨的幼童。廣義上，應泛指古代啟蒙教育，概括其教育體制、教學方法、教材等內容；狹義上，專指啟蒙教材，也就是「童蒙讀本」。以汪泛舟先生編著《敦煌古代兒童課本》和何師廣棪編就《蒙書研究〈太公家教〉專題》講義均提及，敦煌藏經洞發現之 20 多種童蒙書籍，另寫本約共 200 多卷，均為古人培訓兒童所絡繹編就之蒙書。

由於蒙書種類之繁多，本節擬將依就以上材料對敦煌蒙書做出分類及書目介紹。按其內容、性質、重點，依次劃分為：「識字習字類」、「知識應用類」、「德行教育類」三種。探討和介紹如下：

# 一、識字習字類

識字類蒙書，古稱「字書」，成書甚早。班固（32～92）《漢書》曰：

> 周代已有《史籀篇》者，周時史官教學童書也，與孔氏壁中古文異體。大概是按意義間的關係編排而成，四字為句，二句為韻；秦統一後，有丞相李斯作《倉頡篇》七章、車府令趙高作《爰歷篇》六章、太史令胡毋敬作《博學篇》七章，以上文字多取《史籀篇》，而篆體復頗異，所謂秦篆也，而成小篆字書。漢興，閭里書師合《倉頡》、《爰歷》、《博學》三篇，斷六十字以為一章，凡五十五章，並為《倉頡篇》。武帝時司馬相如作《凡將篇》，無復字。元帝時黃門令史游作《急就篇》，成帝時李長作《元尚篇》，皆《倉頡》中正字也。以上各種皆以識字、寫字為主，古者八歲入小學，故周官保氏掌養國子，教之六書，謂象形、象事、象意、象聲、轉注、假借，造字之本也。〔註21〕

故知西漢在秦的基礎上，文字有了新的發展，《倉頡篇》是以隸書書寫，共 3300 字，為漢初通行的識字讀本，也是中國歷史上第一個廣泛使用的統一識字本。

---

〔註20〕〔清〕朱駿聲著：《六十四卦經解》；北京，中華書局，1953 年 6 月第一版，頁 24～27。

〔註21〕（漢）班固著；（唐）顏師古注：《漢書》；北京，中華書局，1962 年，六月，頁 1719～1722。

試根據敦煌寫本識字類蒙書的性質作區分，如下：

1. 綜合性的識字類：主要有《千字文》、《新合六字千文》、《開蒙要訓》、《百家姓》等；
2. 雜字類：有《俗物要名林》、《雜集時用要字》；
3. 俗字類：有《碎金》、《百家碎金》；
4. 習字類：《上大人》。

但若以形式來分，大致又可區分為以下三種不同形式：如文字多不相連的單純識字課本；語句連貫、押韻，並有意義的綜合性識字課本；姓氏識字課本。略述如下：

## （一）文字多不相連的單純識字課本

有以聲繫字、有注漢字直音、以反切注字、還有既無韻、類系聯、無加注的字書等。例如：

1. 以韻繫字的《字書》（S.6329），殘存 11 行，每行 6 字至 8 字不等。一行一韻，每字下都有注字。
2. 以類繫字的《新集時用要字壹仟叁百言》（S.610），這是以 2 字為主、間有 4 字短語的字書。
3. 加注漢字直音的《諸雜難字一本》（P.3109），此卷字書較完整，書寫較佳，題下有「太平興國八年（983 年）記」7 字，全書凡 500 餘字。
4. 分卷《難字》字書（P.2948、S.5690），此類字書不兼韻、類，僅以分卷形式隨意收字，在 1 卷至 7 卷 500 多難字中，只有「槊」字下出現反切加注。
5. 正字、字樣書（S.388），如：《字樣》、《正名要錄》（S.388）、《新商略古今字樣》（S.5731、S.6268）、《時要字樣》等類。這些字樣，都是唐代便於漢字規範而頒行天下，屬兒童學習識字的課本，另有南方物名書（S.5513）。而《正名要錄》乃霍王友依顏師古《字樣》編寫。〔註22〕

---

〔註22〕汪泛舟編著：《敦煌古代兒童課本》，蘭州，甘肅人民出版社，2000 年，6 月，頁 2～3。

## （二）語句連貫、押韻，並有意義的綜合性識字課本

有《千字文》、《開蒙要訓》、《蒙求》、《新合六字千文》等，皆是風行於中原與敦煌的通用教材。略述如下：

1. 《千字文》梁武帝蕭衍命周興嗣從王羲之留下的 1008 個法帖字，連綴成之韻文。

2. 《開蒙要訓》，為六朝馬仁壽撰，此書略早於《千字文》，出現在敦煌出土的 27 個寫卷（P.2487、P.2578、P.2588、P.2717、P.2721、P.3029、P.3054、P.3102、P.3147、P.3166、P.3187、P.3189、P.3243、P.3311、P.3408、P.3486、P.3610、P.3875、S.705、S.1308、S.2947、S.5431、S.5449、S.5463、S.5464、S.5584、S.5643、S.5962、S.6131、S.6224），側重於生活和生產知識為主的識字課本，形式上依類繫字、表意義，並由「四字一句、兩句一韻」共 350 句、175 韻的 1400 個不同漢字組成全篇，在敦煌地區流傳近 500 年，此書與《開蒙要訓》能與《千字文》一樣，長期流傳於敦煌，並成為兒童喜愛課本。

3. 《蒙求》，為司倉參軍李瀚撰，此書也是流傳於敦煌地區的一種兒童課本，只是寫本較少，僅見 P.2710、P.4877 兩個殘卷，並敦煌研究院藏 95 號的一個殘卷，共三個卷號。此書有 298 韻、596 句、共 2392 字，但無序言。〔註23〕

## （三）姓氏識字課本

敦煌姓氏書，約有 6 個寫卷。

1. 《百家姓》：（P.4630）為中原一直流傳四字一句、依韻編排的姓氏課本，該卷僅殘存兩頁。（P.4585）學界將其定為唐寫本，殘存 24 行，起句為：「趙錢孫李」四字，過去學人都以為是宋人所編，若（P.4585）《百家姓》寫卷定年不誤的話，此課本將在我國教育史和學術史，具有重要的文獻研究價值。

2. 《姓望書》（S.5861）、《郡望姓氏書》（P.3191）、《姓氏書》（P.2995）、《姓氏錄》（北圖 8418），以上只見於敦煌姓氏課本，乃古代此一

---

〔註23〕汪泛舟編著：《敦煌古代兒童課本》，蘭州，甘肅人民出版社，2000 年，6 月，頁 3～5。

地區才使用的姓氏課本，中原並不可見。這種起首「張王李趙」，尾結「胡辛申馮「的姓氏書，是根據敦煌及其周邊民族的姓氏現狀實際編寫的，明顯不同於中原系統的《百家姓》姓氏書。〔註24〕

聯芳案：綜合上述解析可見，唐時敦煌流傳的姓氏課本，同時共存著有極具中原系統的《百家姓》和敦煌邊地獨有姓氏現狀特點的姓氏課本，其所列在我國教育史和學術史，皆為非常重要的敦煌文獻和甚具歷史研究價值。

## 二、知識應用類

中國古代流傳的蒙學讀物雖然很豐富，惜大多都已塵封於歷史的故紙堆，但仍殘存少數像《幼學瓊林》、《增廣賢文》、《聲律啟蒙》等具有豐富兒童知識、實用寓啟迪和教益性之教材。回溯敦煌知識應用類的兒童教材，在唐至五代亦多是中原與地方兼用，不過這類的應用教材，至今多已亡佚。惟今僅能根據藏經洞所遺存的 100 餘種寫卷，將其分述為習字、書儀、字典、算書幾個方面：

### （一）習字

敦煌文獻有《上大人》習字 4 個寫卷（P.3145、P.3797、P.3806、P.4990），均為唐代兒童習字的教材樣本，使兒童一面讀書識字，一面練習寫字，以期達到學寫一致的目的。

此習字教材，自唐以後一直不變的流傳，成為兒童習字描紅的一種格式。

### （二）書儀

敦煌石窟遺存的多種形式的書儀寫本，如：

1. 《吉凶書儀》（P.3442）杜友晉
2. 《書儀鏡》（S.329、S.361）
3. 《新定書儀鏡》（P.3637）
4. 鄭餘慶《大唐新定吉凶書儀》（S.6537）等類
5. 敦煌人張敖撰寫《新集諸家九族尊卑書儀》（P.3502、P.4050、S.5613）和《新集吉凶書儀二卷》（P.2646、P.2556、P.3246、P.3249）兩種，由於大唐前後，流傳的書儀繁瑣，多不切實用，所以張氏特別編撰更適合敦煌地區兒童需要的簡明書儀教材。

---

〔註24〕汪泛舟編著：《敦煌古代兒童課本》，蘭州，甘肅人民出版社，2000 年，6 月，頁 1～6。

由於古代書信交往乃不可或缺的工具，也是兒童必須學習的一種課程，這些書儀基本上反映唐至五代數百年間的中國書儀的總貌。

## （三）字典

敦煌文獻裡，有《字寶》（又名《碎金》）的 5 個寫卷（P.2058、P.2717、P.3906、S.619、S.6204），從《字寶》序言得知，此書為了適應唐代語言發展通俗化的潮流，當時儒士們摘錄《字統》、《切韻》編纂《字寶》一書，其書署名有白居易者，也有鄭惠卿，但學界因無據而存疑之。此書編纂依照四聲排列，收詞語 420 條，皆為「經典史籍」所未見，全屬民眾日常生活普遍使用之俗字。

此書具有使兒童字韻兼學的優點和適應唐代社會詩風盛行的使用價值和意義，是一本有益於敦煌古代兒童學習應用的俗語字典書籍。

## （四）算書

有內容實用而廣泛的各種算書，寫卷數量多達 10 個以上。

1. 《九九乘法歌》（S.4569）
2. 《立成算經》（S.930）的計量規定
3. 《算經並序》（P.3349）乘法口訣與乘方知識等
4. 其他：還有的寫卷關於田畝、堤、馬等物的測量和計算方法；有以多少步能合為多少畝的量法。其上算法雖失精確原理，卻簡便易懂而實用。
5. 《漢藏對譯字書》（P.2762）、《漢藏對譯〈千字文〉》（P.3419）、《漢藏對譯〈佛學字書〉》（P.2046）、《大寶積經難字》、《大般若經難字》（P.3823）、《涅槃經難字》（P.3578）、《雜字》（S.5643、S.5513、S.5514）、《六合千文》（S.5467）、《文詞教林》（P.2612）、《辯才家教》（S.4329、P.2515、P.3622、P.4034）、《兔園策府》（S.614、S.1086、S.1722、P.2573）等寫卷，以上課本有的是吐蕃統治敦煌，而蕃人兒童學習漢字，和寺院辦學，又或是為了適應唐代科考需要而專為兒童應試編寫的書籍。〔註25〕

---

〔註25〕汪泛舟編著：《敦煌古代兒童課本》，蘭州，甘肅人民出版社，2000 年，6 月，頁 11～14。

## 三、德行教育類

我國自古以來重視童蒙教育，更主要以倫理道德教育作為教導的核心思想，早在春秋戰國時期的《周易・序卦》曰：

> 物生必蒙，故受之以《蒙》。《蒙》者蒙也，物之稚也。物稚不
> 可不養也，故受之以《需》。〔註26〕

意寓萬物之開始產生，必然蒙昧，蒙也代表萬物幼小，就必須加以養育教導，後須以《需》卦接續。

這完全符合中國重教興學的悠久傳統，關注蒙養，一切應在兒童智慧開蒙之際施以正當教育，並培養兒童純正的品行。所以重點即在於重視兒童教育，將道德教育視為兒童教育的核心目標，在童蒙時代就培養訓練兒童正直的道德品質，以成就其聖人成功之路。

敦煌古代以道德倫理教育為內容的兒童寫本，主要常見的有《孔子家語》、《論語》、《孝經》為主，但經過歲月和戰爭洗禮，原本以佚亡而被藏經洞保存下來的，有如《百行章》、《太公家教》、《新集文詞九經抄》、《文詞教林》、《新集嚴父教》、《崔氏夫人訓女文》等類，皆為突出儒家思想，對兒童進行立身、處事、訓誡和教育等道德倫理教育為主要內容的書籍。

1. 《百行章》古代兒童課本，為初唐杜正倫撰述，屬於唐代官方頒行天下的兒童通用教材，中原和邊地都同時流傳。全書約近 5000 字，由序言 168 字和正文 4770 餘字組成。敦煌文獻保存有 13 個寫卷〔S.1920、S.3491、S.1815、S.5540、《貞松堂藏西陲秘籍叢殘》、P.3796、P.3176、P.3306、P.4937、P.3053、P.3077、P.2808、北圖 8442（位字 68 號）〕，此書在敦煌地區流傳時間，前後約有 300 年左右。

2. 《太公家教》佚名，敦煌文獻中遺存有 67 個寫卷，（S.479）（S.1163）（S.1291）（S.1401）（S.3011）（S.3835）（S.4901）（S.4920）（S.5655）（S.5729）（S.5773）（S.6173）（S.6183）（S.6243）（S.12563）（S.13352）（P.2553）（P.2564）（P.2600）（P.2738）（P.2774）（（P.2825）（P.2937）（P.2981）（P.3069）（P.3104）（P.3248）（P.3430）（P.3569）（P.3599）（P.3623）（P.3764）（P.3797）（P.3894）（P.3962）（P.4085）（P.4588）（P.4880）（P.4995）（P.5031）（羅振玉氏舊藏本）（羅振玉藏卷甲）（羅振玉藏卷乙）（Bllva 日藏）（寧樂本）（大谷本 3167）（大谷本 3169）（大

---

〔註26〕郭彧譯注：《周易》；北京，中華書局；2006 年，9 月，頁 24～29，413。

谷本 3175）（大谷本 3507）（大谷本 4394）（鳴沙石室佚書）（北平圖書
館藏本乃字 27 號）（《貞松堂藏西陲秘籍叢殘》）（何彥昇藏殘卷）（唐蘭
藏殘卷）（BD16191 號 C）（BD16196 號 C）（Дх3111）（羅振玉藏本之
一 Дх03858）（Дх03863）（Дх03894）（Дх4251）（Дх04932）（Дх06141）
（Дх12696）（Дх12827）（Дх19082）其中有 7 個寫卷後面書有學士、學
士郎的 9 人誦讀題記。由於這是敦煌文獻中遺存最多寫卷的蒙書，由
此可見，此書在唐宋之際敦煌的各類學校中廣為流行，且普遍被採用。
〔註27〕

3. 《新集文詞九經抄》佚名，敦煌石室存有（P.2557、S.5754）等 16 個
寫卷，根據汪泛舟先生《敦煌古代兒童課本》所言，這一本書校理與
研究者，迄今僅有鄭阿財先生《敦煌寫卷〈新集文詞九經抄〉研究》
曾經專書出版，從而為敦煌古代蒙書教材做出了「古為今用「的重要
貢獻。〔註28〕誠如汪氏所言，鄭阿財先生《敦煌寫卷〈新集文詞九經
抄〉研究》專書出版，為敦煌古代蒙書教材「古為今用「的重要貢獻，
真是難能可貴。

4. 《新集嚴父教》在敦煌有 4 個遺存寫卷課本（S.3904、S.4307、S.4901、
P.3793），從 S.4307 卷的「安參謀學侍郎李神奴寫《嚴父教》記之耳」
的尾題可證明，此書也是 10 世紀左右流行於敦煌的蒙書之一。該書每
句五言，六句一章，總九章，凡 270 字。

5. 《崔氏夫人訓女文》，留存 3 個敦煌文獻寫卷（S.4129、S.5463、P.2633），
該書每句七言，為「兩句一韻，兩韻一節」形式：總 8 節，16 韻，32
句，凡 224 字。〔註29〕

## 第三節　敦煌蒙書之分類與教學功能

　　古代的家庭教育，父母或可說是子女的第一任老師。若追溯中國的家庭教
育，最早起源於西周，而孔子可謂是普及家庭教育化的宗師和表表者。孔子著

---

〔註27〕汪泛舟編著：《敦煌古代兒童課本》，蘭州，甘肅人民出版社，2000 年，6 月，
　　　　頁 213～225。
〔註28〕汪泛舟編著：《敦煌古代兒童課本》，蘭州，甘肅人民出版社，2000 年，6 月，
　　　　頁 7～8。
〔註29〕汪泛舟編著：《敦煌古代兒童課本》，蘭州，甘肅人民出版社，2000 年，6 月，
　　　　頁 10。

《論語》、《春秋》，教導弟子三千，以「學而時習之，不亦樂乎？有朋自遠方來，不亦樂乎？人不知而不慍，不亦君子乎？」、「弟子入則孝，出則弟，謹而信，泛愛眾，而親仁，行有餘力，則以學文。」、「學而不思則罔，思而不學則殆。」等等，主張推崇和實踐以儒家「孝悌」為核心的倫理道德教育思想至一般的家庭教育。

為了改變自己或下一代的未來，古代家長之重視啟蒙教育，主張及早實施童蒙教育，有利於培養良好的品格並打下紮實的基礎。孔子曾說：「少成若天性，習慣如自然。」雖然從歷史紀錄發現中國封建制度爵位世襲的緣故，一般官宦世家對家庭教育更為重視，他們的子孫必須承擔家族責任；相對於普通家庭的孩子來說，或由於家境貧寒，無力繳納學費束脩，只好自己教子，例如：歐陽修四歲而孤，因家貧，其母鄭氏「以荻畫地，教修書字」；又如宋張栻，父母愛子，望其成龍而親自教子；另有岳飛、陸九淵、蘇軾、朱熹兄弟等解釋家傳私學而成，重要的是這種家傳多由家長向子弟傳授啟蒙的基本知識，甚而包括家學的傳授，而父母對童蒙書籍的選擇，往往取決於教學功用之大小，故蒙書的類別與功用，即主宰著古代家庭教育的內涵。

此章節將繼續第二節敦煌蒙書分類之書目，承上啟下地加以敘說，略述敦煌蒙書的分類與教學功用，如下：

# 一、識字習字類之教學功用

## （一）文字多不相連的單純識字課本

有以聲繫字、有注漢字直音、以反切注字、還有既無韻、類系聯、無加注的字書等。例如：

1. 以韻繫字的《字書》（S.6329），這種韻書體例的《字書》，可同時使兒童識字、知義和知韻，並由識一字而知字的編寫特點，有利於兒童智慧的啟迪和培養，是識字的好課本。

2. 以類繫字的《新集時用要字壹仟叁百言》（S.610），這是以類繫字教材，又是生活中的常用字，也是易於兒童學習掌握和實用的教材課本。

3. 加注漢字直音的《諸雜難字一本》（P.3109），此卷字書較完整，書寫較佳，全書雖 500 餘字，但多不注音，僅在少數字下加注漢字

直音，可能與敦煌地區保留的某些方音（多繫古音）相混，或分辨與某些字難讀有關。

4. 分卷《難字》字書（P.2948、S.5690），此類字書雖不兼韻、類，又僅以分卷形式隨意收字，但此字書或是專供具有一定識字基礎兒童，以掃除難字障礙而編制的。

5. 正字、字樣書（S.388），如：《字樣》、《正名要錄》（S.388）乃霍王友兼徐州司馬郎知本依顏師古（581～645）《字樣》編寫、《新商略古今字樣》（S.5731、S.6268）、《時要字樣》等類。這些字樣，為唐代按漢字規範而頒行，基本上屬兒童學習識字讀本，令學童知字之正體，辨俗訛、知古今二體、知字的同義異字，更通過《正名要錄》、《時要字樣》之學習，明漢字正俗與古今，利於對字、義識別與運用能力的培養和提高，加強漢字之規範化。另南方物名書（S.5513），其內有對北方土產和特產的詞彙，增加敦煌兒童字書的豐富性，擴大對中原文化和地方知識兼有的特點。〔註30〕

## （二）語句連貫、押韻，並有意義的綜合性識字課本

有《千字文》、《開蒙要訓》、《蒙求》、《新合六字千文》等，皆是風行於中原與敦煌的通用教材。略述如下：

1. 《千字文》，主要講述天文、地理、歷史，以及對個人修身、治家、出仕態度要求。

2. 《開蒙要訓》，側重於生活和生產知識為主的識字課本，由於實用性強，涉及天地、歲時、山河、君臣、倫理、婚姻、人體、疾病、珍寶、器皿、飲食、農事、商賈、烹飪、房舍、儲備、園藝、昆蟲、魚蛇、鳥獸等各個方面，包含十分豐富和治家治國的社會生活知識，具有百科全書的性質和容量，形式上更依類繫字、又表意義，此書收字的廣泛性和知識的實用性，一直與《開蒙要訓》與《千字文》為兒童喜愛課本，長期流傳於敦煌。

3. 《蒙求》，此書主要是以經傳故事匯輯而成的兒童課本，內容有符合兒童獵取新奇的某些特點，但或許因其他原因，此書在敦煌地

〔註30〕汪泛舟編著：《敦煌古代兒童課本》，蘭州，甘肅人民出版社，2000年，6月，頁2～3。

區流傳偏少且殘，幸有《學津》、《畿輔》兩叢書補全璧合，保存了正文完整的《蒙求》。〔註31〕

## （三）姓氏識字課本

敦煌姓氏書，約有 6 個寫卷。

1. 《百家姓》：（P.4630）為中原一直流傳四字一句、兒童依韻編排背誦的姓氏課本。

2. 《姓望書》（S.5861）、《郡望姓氏書》（P.3191）、《姓氏書》（P.2995）、《姓氏錄》（北圖 8418），只見於敦煌姓氏課本，乃古代此一地區才使用的姓氏課本，並不普遍，中原少見。〔註32〕

聯芳案：如上可見，敦煌所流傳單純識字課本、綜合性識字課本或姓氏課本，其功用多於敦煌或域外等區域性的使用，亦是敦煌遺書保存邊地獨有姓氏現狀特點的課本。

## 二、知識應用類的教學功用

再根據藏經洞所遺存的 100 餘種寫卷，試將其分述為習字、書儀、字典、算書幾個方面的教學功用加以闡述：

1. 習字：敦煌文獻《上大人》，為唐代兒童簡單易學習字的入手教材樣本，使兒童於讀書、識字、寫字的同時，達到學寫合一的目的。更間接傳遞尊孔之儒家思想，雖僅屬筆畫簡單的「字帖」類習字教材，卻符合兒童教導之教育宗旨和易學特點。

2. 書儀：古代之書信來往，多具一定書寫格式，在敦煌石窟遺存有中原和邊地的多種形式的書儀寫本，為當時人們日常交往不可或缺的工具，亦是兒童必學課程。古代書信交往為國與國或民間必備工具，亦為兒童必學基礎課程，從書儀的往來紀錄表現，亦呈現出唐至五代數百年間中國書儀的發展過程。

3. 字典：敦煌文獻有《字寶》（又名《碎金》）的 5 個寫卷（P.2058、P.2717、P.3906、S.619、S.6204），從《字寶》序言得知，此書在唐代，雅言通用的同時，俗語亦頗為風行，故出現了雅言協俗的新的語言情況，為適應

---

〔註31〕汪泛舟編著：《敦煌古代兒童課本》，蘭州，甘肅人民出版社，2000 年，6 月，頁 3～5。

〔註32〕汪泛舟編著：《敦煌古代兒童課本》，蘭州，甘肅人民出版社，2000 年，6 月，頁 1～6。

唐代語言發展通俗化的潮流，當時儒士們摘錄《字統》、《切韻》編纂《字寶》一書，其書署名有白居易（772～864）者，也有鄭惠卿，但學界因無據而存疑之。全屬民眾日常生活普遍使用之俗字。此書具有使兒童字韻兼學的優點和適應唐代社會詩風盛行的使用價值和意義，是一本有益於敦煌古代兒童學習應用的俗語字典書籍。聯芳案：此書當屬於應用類的字典工具書，以平、上、去、入四聲編纂的字書，使學生在認識讀音和字義的同時，亦掌握每字的四聲，其實用性不可不謂大矣。

4. 算書：有內容實用而廣泛的各種算書，寫卷數量多達 10 個以上，雖其算法失精確原理，但大多簡便易懂而實用。如：

《九九乘法歌》（S.4569）；《立成算經》（S.930）的計量規定；《算經並序》（P.3349）乘法口訣與乘方知識；還有其他寫卷關於田畝、堤、馬等物的測量和計算方法；又有以多少步能合為多少畝的量法。

5. 其他需要：有的是吐蕃統治敦煌，或蕃人兒童學習漢字，又寺院辦學，或是為了適應唐代科考需要而專為兒童應試編寫的書籍。

《漢藏對譯字書》（P.2762）、《漢藏對譯〈千字文〉》（P.3419）、《漢藏對譯〈佛學字書〉》（P.2046）、《大寶積經難字》、《大般若經難字》（P.3823）、《涅槃經難字》（P.3578）、《雜字》（S.5643、S.5513、S.5514）、《六合千文》（S.5467）、《文詞教林》（P.2612）、《辯才家教》（S.4329、P.2515、P.3622、P.4034）、《兔園策府》（S.614、S.1086、S.1722、P.2573）等寫卷〔註33〕。聯芳案：此類課本多為因應當時社會環境需要而編寫，當環境因素改變，此類課本的歷史價值也跟隨消失，故在歷史洪流中僅能短暫地展現其時效性。

## 三、德行教育類的教學功用

德行類蒙書，多以儒家思想為主，雜糅佛、道，形成具有現實性與實用性之民間思想，而其主要目的皆以教示童蒙立身處世的態度為其教學功用。如下：

1. 《百行章》，唐代官方頒行兒童通用教材，中原和邊地通傳。正文凡 84 章，每章標題，各有中心，以忠孝節義、清廉寬信貫穿全書，是一部直

〔註33〕汪泛舟編著：《敦煌古代兒童課本》，蘭州，甘肅人民出版社，2000 年，6 月，頁 11～14。

關齊家治國應讀之書。該書重在提倡忠孝和為官為民的態度,摘引大量儒家經典,文字通俗易懂,將綱常理教具體化、形象化。

2. 《太公家教》佚名,敦煌文獻中遺存有 67 個寫卷,由於這是敦煌文獻中遺存最多寫卷的蒙書,可見此書在唐宋之際敦煌的各類學校中廣為流行並普遍被採用。此書內容豐富,包含教人文明禮貌、孝順父母、尊敬師長、虛心好學、去惡從善、莫聽讒言、禮賢下士、避嫌修身、教育子女等方面,語言通俗、散韻相間。〔註34〕聯芳案:書中用典有半數以上,內容雖消極卻符合當時政治和社會倫理的道德要求,激勵兒童勤奮上進,鼓勵忠孝、愛人、修身、禮儀,儒家思想貫穿,為敦煌文獻中遺存最多寫卷的蒙書,亦可說是唐宋當時敦煌地區最受兒童喜愛誦讀的課本。

3. 《新集文詞九經抄》佚名,涉及內容繁雜,但中心思想還是教人守義、敬孝、為善、知禮,仍然是體現儒家禮教思想。此書還雜引有《太公家教》許多語句,據鄭氏推測,此書亦是廣泛流傳於唐宋敦煌地區的兒童通用課本。

4. 《新集嚴父教》分章由五言韻語組成,內容將儒訓融合於日常生活的說教,屬於語言通俗又簡短易誦讀的韻文,每章結句的重複手法的運用,琅琅易於上口,更有利於兒童記憶。據汪氏意見,可能因為篇幅過短和語言過俚,故此書未能為當時敦煌州、縣、寺、巷各類學校所普遍採用。

5. 《崔氏夫人訓女文》是敦煌文獻中僅見的訓女類的可貴教材,不僅反映了唐宋時代敦煌地區少女識字儒訓情況,還保留了當時婚姻民俗史料。此書又因假借崔氏夫人訓女的口吻,令人於誦讀中備感親切;而其語言的通俗化,也使該書易學易懂,為當時少女們喜愛與接受,故此書亦成為唐宋時代敦煌地區的唯一訓女課本。〔註35〕

總而言之,以上的德行類蒙書,雖多以儒家思想為主,又雜糅佛、道,形成具有教育功用的民間思想,但其最終目的皆為教示童蒙立身處世的正確態度,從敦煌遺書發現的蒙書類別,皆各具特點,所以大多都成就了唐宋時代敦煌地區的碩學儒子,這些童蒙教材的借鏡,亦成為今日如何教育下一代重要的研究項目和參考。

---

〔註34〕汪泛舟編著:《敦煌古代兒童課本》,蘭州,甘肅人民出版社,2000 年,6 月,頁 213～225。

〔註35〕汪泛舟編著:《敦煌古代兒童課本》,蘭州,甘肅人民出版社,2000 年,6 月,頁 10。

# 第四章　敦煌寫本蒙書《太公家教》

敦煌文化的發展，受特殊地理、歷史因素影響，孕育出獨特內涵，既顯現中原文化特質，亦雜糅西域文化色彩。以莫高窟為主，存留的古代敦煌文物，內容豐碩，擁有精美的壁畫、雕塑、建築等藝術傑作；更有數百年而無人知曉的四萬餘件文書資料，形成震鑠中外的「敦煌學」。

## 第一節　敦煌目錄學之發展

「敦煌目錄學」應是研究敦煌學所有整理工作的基礎，也是從事敦煌學入門與研究的基礎與指路標。著名的敦煌學家陳寅恪先生在〈敦煌劫餘錄序〉中道：

> 夫敦煌在吾國境內，所出經典又以中文為多，吾國敦煌學著作較之他國轉獨少者，固因國人治學罕具通識，然亦未始非以敦煌所出經典涵括至廣，散佚至眾，迄無詳備之目錄，不易檢校其內容，學者縱欲有所致力，而憑藉末由也。〔註1〕

追溯我國敦煌學目錄和目錄工作，皆是在紛亂的劫奪中極不正常地產生，敦煌遺書經不同國家，眾多學者用多種方式登記著錄，其目錄呈現各自為政的局面，反而阻礙敦煌學的發展。綜觀中國最早的敦煌漢文目錄代表作是 20 年代末到 30 年代初陳垣先生的《敦煌劫餘錄》，接著 50 年代末到 60 年代初，則是《敦煌遺書總目索引》，繼之在 1986 年有臺灣新文豐出版公司印行黃永武博士所編的《敦煌遺書最新目錄》〔註2〕。而白化文先生（1930～2021）在《敦

---

〔註1〕陳垣著：《敦煌叢刊初集‧敦煌劫餘錄》；臺北市：新文豐出版社，1985 年。
〔註2〕黃永武主編：《敦煌叢刊》；臺北市：新文豐出版公司，1985 年。

煌學導論叢刊》引言曾指出：

> 敦煌學目錄和目錄工作有廣義和狹義兩種內涵。廣義的敦煌學
> 目錄和目錄工作的工作對象，包括敦煌地區（包括藏經洞）所出，
> 或其他地方所出涉及敦煌地區的文物性文獻；以及對上述材料進行
> 研究而產生的文獻，如現當代學者的論文、專著等。狹義的，則指
> 藏經洞所出文物性質的文獻。……兼括這兩種內涵，把重點放在國
> 內和英、法、蘇、日四國所編敦煌漢文遺書目錄及其目錄工作方面。
> 可能範圍內，兼及非漢文遺書和繪畫等藝術品的目錄及相關目錄工
> 作，以及敦煌研究院所轄石窟（主要為莫高窟）本身及其包孕的內
> 涵的文物性目錄及相關目錄工作。論述時，也以述評有代表性的、
> 重要的目錄為主，旁及其它。〔註3〕

我個人非常認同白氏所言，惟今日任何有關敦煌學研究，確實都應建基於
敦煌地區（包括藏經洞），特別是國內和英、法、蘇、日四國所出現的相關研
究，尤其涉及敦煌地區的文物性文獻，以及對上述材料進行研究而產生的文
獻，如現當代學者的論文、專著等，綜合歸納其研究才可表現其客觀性，故本
論文「敦煌寫本《太公家教》的整體研究」即以此為基準，同時站在版本學的
基礎上，先進行統觀、分述，然後和再對敦煌遺書《太公家教》作深入研究整
理。

另根據白化文著《敦煌文物目錄導論》，指出我國學者研究敦煌遺書一直
以來僅依靠英、法館藏中的部分藏品目錄資料，在《敦煌遺書總目索引》未出
版之前，皆是在百般辛苦下才能陸續編譯出以下書目，雖然這些目錄共同缺點
是不齊全，卻為當時研究敦煌學的大多數中國學者提供了敦煌研究基礎，起了
一個指路標的作用。而我在進行《敦煌寫本蒙書〈太公家教〉整體研究》的同
時，決定先對有關敦煌遺書目錄和版本工作的先後次序一一整理，理析出中國
諸位學者專家們對《太公家教》如下的研究進程。

一九〇九年　羅振玉在《東方雜誌》第六卷第十號，發表〈敦煌石室書目及發
　　　　　　現之原始〉，這是中國學者發表最早的敦煌學論文，也是世界上
　　　　　　敦煌學目錄及目錄工作的最早成果之一。〔註4〕

---

〔註3〕白化文著：《敦煌文物目錄導論》；臺北市：新文豐出版公司，1992 年 8 月台
　　　　一版，頁 1～6。
〔註4〕白化文著：《敦煌文物目錄導論》；臺北市：新文豐出版公司，1992 年 8 月台
　　　　一版，頁 2。

一九一一年　《國粹學報》七卷一至八期發表了劉師培（1884～1919）的〈敦
　　　　　　煌新出唐寫本提要〉，這則是最早發表的一批敦煌漢文文書提要。
　　　　　　同年，京師圖書館（北京圖書館的前身）將學部移交的敦煌遺書
　　　　　　八千餘卷編成草目，此即編成《敦煌劫餘錄》的基礎。隨後李翊
　　　　　　灼（1881～1952）先生通檢一過，選出二千餘卷撰寫提要，這就
　　　　　　是《敦煌劫餘錄》中大部分卷子提要的基礎。
　　　　　　特別提出李翊灼先生在從事以上目錄工作時，曾細心辨識揀選出
　　　　　　一百六十餘種後世沒有傳本的佛經及有關著述，又編成《敦煌石
　　　　　　室經卷中未入藏經論著述目錄》研究一卷，堪稱開闢敦煌學目錄
　　　　　　工作考訂之先河。〔註5〕
一九二三年　羅福萇編《倫敦博物館敦煌書目》，見《國學季刊》一卷一期。
　　　　　　羅福萇編《巴黎圖書館敦煌書目》（一），見《國學季刊》一卷四
　　　　　　期。〔註6〕
一九二六年　《海外所存敦煌經籍分類目錄》，見《歷史博物館叢刊》一卷一
　　　　　　至三期。〔註7〕
一九三一年　陳援菴仿《金石錄》體例，排比編次十三帙；第十四帙為周叔
　　　　　　迦先生（1899～1970）從失名諸經繼續考出，成《敦煌劫餘錄》，
　　　　　　編纂二十年，著錄寫經八六七九號，原北平圖書館館藏敦煌漢
　　　　　　文遺書目錄第一部分，主要是一九一〇年學部咨甘肅有司，將
　　　　　　藏經洞中殘卷「悉數運京，移藏部隸京師圖書館」的那份草目。
　　　　　　〔註8〕
一九三二年　羅福萇編《巴黎圖書館敦煌書目》（二），見《國學季刊》三卷四
　　　　　　期。〔註9〕

---

〔註 5〕白化文著：《敦煌文物目錄導論》；臺北市：新文豐出版公司，1992 年 8 月台
　　　一版，頁 2～3。
〔註 6〕白化文著：《敦煌文物目錄導論》；臺北市：新文豐出版公司，1992 年 8 月台
　　　一版，頁 2～3。
〔註 7〕白化文著：《敦煌文物目錄導論》；臺北市：新文豐出版公司，1992 年 8 月台
　　　一版，頁 3。
〔註 8〕白化文著：《敦煌文物目錄導論》；臺北市：新文豐出版公司，1992 年 8 月台
　　　一版，頁 4～6。
〔註 9〕白化文著：《敦煌文物目錄導論》；臺北市：新文豐出版公司，1992 年 8 月台
　　　一版，頁 3。

一九三三年　伯希和著，陸翔譯，見《北平圖書館館刊》七卷六期。〔註 10〕

一九三四年　陸翔譯，〈巴黎圖書館敦煌寫本書目序〉，見《國學論衡》1934 年三期。〔註 11〕

一九三六年　胡鳴盛（1886～1971）、許國霖編成《敦煌石室寫經題記與敦煌雜錄》鉛印本。〔註 12〕

一九三九年　向達遠赴英倫閱卷，並作目錄工作而編成《敦煌所藏卷子經眼目錄》，當時受到翟理斯百般刁難，在只看到四九六個卷子的情況下完成。〔註 13〕

　　　　　　王重民先生編成《伯希和劫經錄》、《敦煌古籍敘錄》。〔註 14〕

一九四〇年　向達、王重民、袁同禮（1895～1965）編成《國立北平圖書館現藏海外敦煌遺籍照片總目》，於《圖書季刊》二卷四期發表。〔註 15〕

一九四七年　臺灣大學出版日本神田喜一郎編的《敦煌秘笈留真新編》，此書為日本帝國大學神田喜一郎教授於留法期間拍攝的伯希和藏卷中的四部要籍。〔註 16〕

一九五四年　中央研究院歷史語言研究所經由日本取得一套英藏微卷沖洗照片，存錄在檔。

一九六二年　商務印書館初版《敦煌遺書總目索引》。〔註 17〕

---

〔註 10〕白化文著：《敦煌文物目錄導論》；臺北市：新文豐出版公司，1992 年 8 月台一版，頁 3。

〔註 11〕白化文著：《敦煌文物目錄導論》；臺北市：新文豐出版公司，1992 年 8 月台一版，頁 3。

〔註 12〕白化文著：《敦煌文物目錄導論》；臺北市：新文豐出版公司，1992 年 8 月台一版，頁 15。

〔註 13〕白化文著：《敦煌文物目錄導論》；臺北市：新文豐出版公司，1992 年 8 月台一版，頁 19～20。

〔註 14〕白化文著：《敦煌文物目錄導論》；臺北市：新文豐出版公司，1992 年 8 月台一版，頁 24～28。

〔註 15〕白化文著：《敦煌文物目錄導論》；臺北市：新文豐出版公司，1992 年 8 月台一版，頁 19～22。

〔註 16〕鄭阿財撰：《二十世紀敦煌學的回顧與展望——臺灣篇》；BIBLID 0253-2875（2001）20：1，P.45～50。

〔註 17〕白化文著：《敦煌文物目錄導論》；臺北市：新文豐出版公司，1992 年 8 月台一版，頁 19～22。

劉銘恕《斯坦因劫經錄》。〔註18〕

一九六八年　潘重規首次將有關臺灣臺北中央圖書館藏所有敦煌寫卷，加以詳細序錄的藏卷目錄，名為《國立中央圖書館所藏敦煌卷子題記》，後於 1975 年修訂。〔註19〕

一九七七年　敦煌文物研究所資料室編《敦煌文物研究所藏敦煌遺書目錄》，發表於《文物資料叢刊》第一期，「題記」附劉忠貴、施娉婷所做《關於〈敦煌遺書目錄〉的說明》，其所收敦煌遺書來自有二：一是六十年代前（1944 年）於莫高窟前的土地廟內，從清代的殘塑像中發現的北朝寫經六十七卷、殘片若干；另一是六十年代後徵集得來的，佔總數的一半以上。〔註20〕

一九八一年　一、北京圖書館善本組發行《敦煌劫餘錄續編》，此書著錄北京圖書館又收集到的敦煌遺書一〇六五件，並有幾個特點：

　　　　　　　1. 其著錄項目比照《敦煌劫餘錄》，按書名目錄排法，屬專科性書名目錄，不便於讀者使用。

　　　　　　　2. 索書號獨樹一幟，以「新」字的四位數流水號，與《敦煌劫餘錄》不能銜接。

　　　　　　　3. 著錄方式仿《敦煌劫餘錄》，部分帶「附記」，是一部不完備的帶提要的目錄。同時還有一、兩千件並未公布，還需再出三編。〔註21〕

　　　　　　二、黃永武主編《敦煌寶藏》十四輯一百四十冊，由新文豐出版公司於 1981～1986 陸續發行。〔註22〕

一九八二年　《劉銘恕〈斯坦因劫經錄〉之訂補》，原分載於《文史學報》十二期，後收入《敦煌遺書總目索引》附錄。又有《英倫博物館漢

〔註18〕白化文著：《敦煌文物目錄導論》；臺北市：新文豐出版公司，1992 年 8 月台一版，頁 28～40。

〔註19〕鄭阿財撰：《二十世紀敦煌學的回顧與展望——臺灣篇》；BIBLID 0253-2875（2001）20：1，P.45～50。

〔註20〕白化文著：《敦煌文物目錄導論》；臺北市：新文豐出版公司，1992 年 8 月台一版，頁 44～45。

〔註21〕白化文著：《敦煌文物目錄導論》；臺北市：新文豐出版公司，1992 年 8 月台一版，頁 41～44。

〔註22〕鄭阿財撰：《二十世紀敦煌學的回顧與展望——臺灣篇》；BIBLID 0253-2875（2001）20：1，P.45～50。

文卷子收藏目錄》（影印本）內附錄之〈英倫所藏敦煌未知名殘卷目錄的新探索〉，（值得一提是劉恕銘先生只在幾個月的時間內，重新編錄並完成了比翟理斯三十多年的工作還要好的業績，而編成《敦煌遺書總目索引》更是倚仗此錄。

一九八三年　中華書局重印補訂本《敦煌遺書總目索引》，後黃永武所編《敦煌叢刊初集》第二冊影印原書。

《關於甘肅省博物館藏敦煌遺書之淺考和目錄》，秦明智編，發表於《一九八三年全國敦煌學術討論會文集·文史·遺書篇上》。〔註23〕

一九八六年　一、《敦煌縣博物館藏敦煌遺書目錄》，敦煌縣榮恩奇整理，發表於《敦煌吐魯番文獻研究論集》第三輯（北京大學出版社）。〔註24〕

二、鄭阿財將長久以來罕為人知的傅斯年圖書館藏四十九件敦煌寫卷，詳加敘錄成《臺北中研院傅斯年圖書館藏敦煌卷子題記》。

三、黃永武《敦煌遺書最新目錄》，此錄配合《敦煌寶藏》，附有俄藏簡目，是著錄敦煌寫卷目錄較廣的工具書。〔註25〕

一九八七年　由漢學研究中心出版《敦煌學研究論著目錄》，收錄1908到1986年，由中、日兩國敦煌學者研究之專著逾五百則、期刊論文四千餘條、報章雜誌，以及當時未正式出版之學位論文等著作。

二〇〇〇年　敦煌藏經洞發現100周年，漢學研究中心印行《1908～1997敦煌學研究論著目錄》，全書計652頁，著錄11650項。此書成為敦煌學研究者檢索有效工具。

二〇〇六年　潘重規先生百歲冥誕，為紀念其對敦煌學研究發展的貢獻，鄭阿財乃接續《1908～1997敦煌學研究論著目錄》，將1998到2005年敦煌學研究的論著篇章結集分類。體例依前，編成《1998～

---

〔註23〕白化文著：《敦煌文物目錄導論》；臺北市：新文豐出版公司，1992年8月台一版，頁45～46。

〔註24〕白化文著：《敦煌文物目錄導論》；臺北市：新文豐出版公司，1992年8月台一版，頁46～47。

〔註25〕鄭阿財撰：《二十世紀敦煌學的回顧與展望——臺灣篇》；BIBLID 0253-2875（2001）20：1，P.45～50。

2005 敦煌研究論著目錄》。〔註 26〕

二〇一二年　王金娥撰〈敦煌訓蒙文獻研究述論〉一文，其旨主揭示敦煌遺書中有關訓蒙文獻之內容，展示唐五代乃至宋代教育方面之辦學形式，有官學、私學和寺學外，各家學者研究所得提供相關訓蒙教材和教學內容等。又從敦煌遺書文獻內容、寫本校錄和綴合所涉及資料顯示有關其時政治、經濟、文化、教育和民族等相關訊息〔註 27〕，該文對吾論文主題敦煌寫本《太公家教》之整體研究亦可謂提供諸多寶貴研究材料之參考。

二零一六年　宋雪春作《2016 年敦煌學研究論著目錄》，其內容介紹中國大陸地區出版敦煌學專著 60 多部，公開發表相關論文 400 餘篇。將研究論著目錄編制分為兩部分，其編排次序為：一、專著部分；二、論文部分；再將論文部分又細分為概說、歷史地理、社會文化、宗教、語言文字、文學、藝術、考古與文物保護、少數民族歷史語言、古籍、科技、書評與學術動態等十二個專題。〔註 28〕

　　縱觀以上有關敦煌遺書目錄和版本工作的先後次序，已大致理析出中國學者專家們對《太公家教》如下的研究進程，但仍礙於現今敦煌學目錄和目錄工作的發展和出版並非普遍情況，本人在學識和治學能力上亦有不足，上述內容收集、闡述或有畸輕畸重，皆屬個人井蛙之見，任何偏失不當，懇請各界學者專家指教與見諒。

## 第二節　《太公家教》寫本之卷數考證

　　1986 年周鳳五先生《敦煌寫本太公家教研究》，為敦煌遺書之研究開創了里程碑，其在九十年代對敦煌訓蒙讀物所著手進行的整理研究，從校勘敦煌寫本《太公家教》開始，他於書中知見的敦煌寫本《太公家教》總數，總計有四十一卷之多。如其所述：

〔註 26〕鄭阿財，朱鳳玉主編：《1998～2005 敦煌研究論著目錄》；臺北市：樂學，2006〔民 95〕，編者序 i～ii。

〔註 27〕王金娥撰：《敦煌學輯刊・敦煌訓蒙文獻研究述論》；2012 年第 2 期，蘭州，敦煌學研究所。頁 153～155。

〔註 28〕宋雪春作：《2016 年敦煌學研究論著目錄》《敦煌學國際聯絡委員會通訊》雜誌，2017 年第 00 期。http://www.lw53.com/dhgi/17738.html

　　《敦煌遺書總目索引》共著錄三十五卷；另外，羅振玉《鳴沙石室佚書》有一卷，又《貞松堂藏西陲秘籍叢殘》有兩個斷片，羅氏誤題為《開蒙要訓》。加上何彥昇與唐蘭所藏兩個殘卷以及北平圖書館乃字二十七號殘卷；總計有四十一卷之多。

　　在四十一卷寫本之中，有兩卷應屬《武王家教》。另外，伯四八八○、伯四九九五、乃字二十七號以及何、唐兩氏所藏卷我未見，不過乃字二十七號有許國霖《敦煌雜錄》迻錄的全文可供參考，則只有四卷未見。寫本以殘卷為多，完整的只有兩三卷。由於出自學童之手，大部分衍文、脫字、顛倒錯亂的情形很嚴重，實際可供校勘的本子大約二十餘卷左右。〔註29〕

　　查周鳳五在當時除對《太公家教》作深入研究外，亦曾同時對《武王家教》和《辯才家教》作出探討。考其對敦煌遺書中蒙書類材料的整合，成績獨樹一幟，極有新意與見地。惜其書中所提供敦煌遺書的附圖材料實在有限，不能對《太公家教》之詳細面貌深入勘查，曉其雖身困筆路藍縷之境，卻仍能對敦煌遺書《太公家教》有新發現和研究成果，實屬可貴，但其所提寫本總數總計四十一卷之多，卻有值得關注之處。

　　而今日重新省察《太公家教》敦煌寫本卷數的考論，因2010年張新朋在俄藏敦煌遺書的發現而驟增，故現今有極大需要對其重新校勘。

　　原來比周鳳五更早在1985年9月1日就已有雷僑雲（1957～2022）著《敦煌兒童文學》一書，其第三章「敦煌家訓文學」就提出對《太公家教》的研究，內容討論家訓文學乃中國特有的兒童文學，值得關注的是他所依據之敦煌遺書是以法國巴黎圖書館藏本和英國倫敦不列顛圖書館藏本為主，當時校勘敦煌遺書《太公家教》寫本計三十四卷。稍後周鳳五、鄭阿財和朱鳳玉等又各以四十卷說和四十一卷說為研究基礎，發表有關《太公家教》的論文研究，1996年台灣《龍華學報》第13期許玫芳論文《敦煌本〈太公家教〉卷數及思想初探》再對敦煌寫本《太公家教》卷數提出存疑之論，認為上述各位學者專家所提敦煌遺書材料之說法應有商榷之處，推述敦煌寫本《太公家教》之較完整抄本、殘片或片段文字，應以四十三卷說才是定論。〔註30〕

---

〔註29〕周鳳五著：《敦煌寫本太公家教研究》；臺北：明文書局，民國75年5月初版（1986），頁1。

〔註30〕許玫芳作：《敦煌本〈太公家教〉卷數及思想初探・龍華學報》第13期；桃園縣，龍華工商專科學校，1996年7月，頁52～58。

　　誠如鄭阿財在 2001 年《二十世紀敦煌學的回顧與展望——臺灣篇》曾說：
「敦煌學是以資料為核心的學科，而研究發展的主要關鍵即在於資料。」坦白
說研究敦煌學的任一門學科，若無相關材料發現，對研究者而言，就只能望天
打卦，坐困愁城。幸好經過歷年來諸位學者們鍥而不捨地發掘與努力，今日敦
煌遺書的揭露較以往豐富，除了英藏、法藏敦煌遺書外，日藏、俄藏的敦煌材
料、論文研究和發表也推陳出新，千禧年後陸續有日本黑田彰氏《太公家教》
的專文研究提出，加上 2010 年張新朋對《俄藏》敦煌遺書《太公家教》的新
發現（可惜該論文並未詳述其所據之英藏、法藏之 42 卷寫本為何？），此篇將
暫按各學者時間發表先後順序，將其所發表《太公家教》研究之卷數先做一揭
露、考論和綜述，亦作為本人研究敦煌寫本《太公家教》的新發現。

（一）1985 年，雷僑雲《敦煌兒童文學》，敦煌遺書《太公家教》共計
　　　34 卷說〔註31〕：

　　英藏：S.479、S.1163、S.1291、S.1401、S.3835、S.4920、S.5655、S.5729、
　　　　　S.5773、S.6173、S.6183、S.6243；（12 卷）

　　法藏：P.2553、P.2564、P.2600、P.2738、P.2774、P.2825、P.2937、P.2981、
　　　　　P.3069、P.3104、P.3248、P.3430、P.3569、P.3599、P.3623、P.3764、
　　　　　P.3797、P.3894、P.4085、P.4588、P.4880、P.4995。（22 卷）

（二）1986 年，周鳳五《敦煌寫本〈太公家教〉研究》，敦煌遺書《太
　　　公家教》共計 41 卷說〔註32〕：

　　英藏：S.1163、S.1291、S.1401、S.3835、S.4920、S.5655、S.5729、S.5773、
　　　　　S.6173、S.6183、S.6243；（11 卷）〔註33〕

　　法藏：P.2553、P.2564、P.2600、P.2738、P.2774、P.2825、P.2937、P.2981、
　　　　　P.3069、P.3104、P.3248、P.3430、P.3569、P.3599、P.3623、P.3764、
　　　　　P.3797、P.3894、P.4085、P.4588、P.4880、P.4995；（22 卷）

　　日藏：羅振玉舊藏本甲卷、羅振玉舊藏本乙卷；（2 卷）

〔註31〕雷僑雲著：《敦煌兒童文學》；臺北市，台灣學生書局，1985 年 9 月 1 日，頁
　　　　60。
〔註32〕周鳳五著：《敦煌寫本太公家教研究》；臺北：明文書局，民國 75 年 5 月初版
　　　　（1986）。
〔註33〕查周氏以 S.479+P.2825+P.2982 +P.3764 此 4 卷為太公家教與武王家教合鈔本，
　　　　已知的 S.479 在所謂的 41 卷說內，不知為何卻並未在他的第一章校勘記列入
　　　　呢？

中國：《鳴沙石室佚書》、《貞松堂藏西陲祕籍叢殘》兩個斷片（以兩卷計算）〔註34〕、北平圖書館藏本乃字 27 號、何彥昇藏殘卷〔註35〕、唐蘭藏殘卷；（6 卷）

（三）1986 年，朱鳳玉《太公家教研究》，敦煌遺書《太公家教》共計 40 卷說〔註36〕：

英藏：S.479、S.1163、S.1291、S.1401、S.3835、S.4901、S.4920、S.5655、S.5729、S.5773、S.6173、S.6183、S.6243；（13 卷）

法藏：P.2553、P.2564、P.2600、P.2738、P.2774、P.2825、P.2937、P.2981、P.3069、P.3104、P.3248、P.3430、P.3569、P.3599、P.3623、P.3764、P.3797、P.3894、P.4085、P.4588、P.4880、P.4995；（22 卷）（誤將 P.2981 寫成 2891；P.3797 寫成 P.3799）

日藏：日本寧樂美術館藏、日本有鄰館藏。（2 卷）

中國：《鳴沙石室佚書》、北平圖書館藏本乃字 27 號、《貞松堂藏西陲祕籍》；（3 卷）

（四）1990 年，鄭阿財《敦煌蒙書析論》，敦煌遺書《太公家教》共計 41 卷說〔註37〕：

英藏：S.479、S.1163、S.1291、S.1401、S.3835、S.4901、S.4920、S.5655、S.5729、S.5773、S.6173、S.6183、S.6243；（13 卷）

---

〔註34〕由於無法借閱《國藏》敦煌遺書，故未能確認《貞松堂藏西陲祕籍叢殘》兩個斷片應以 1 卷或兩卷計算，故上述謹遵周氏之說計算。

〔註35〕根據（日）高田時雄著《近代中國的學術與藏書》提到，黑田彰《關於杏雨書屋本太公家教——太公家教考·補（二）》，《杏雨》第 14 號，2011 年，第 270 ～271 頁。從黑田彰《太公家教》研究開始，曾對有鄰館及杏雨書屋的敦煌遺書的出處進行了卓有成效的探索。更針對饒宗頤曾指出的「何氏原目中，尚有《太公家教》一，祭文一，孔子說項託問答文一（有天福年號）」寫本，黑田亦分析道：「存疑的太公家教等三件，本該歸有鄰館的何彥昇舊藏文書的一部分，由於某種原因混入了敦煌秘笈之中。因此，認為杏雨本太公家教的傳入，和孔子項託問書（羽 617）、祭文（羽 692）一起，均係出自何彥昇舊藏文書。」聯芳案：若依上述之語，在周鳳五《敦煌寫本太公家教研究》所謂的何彥昇所藏殘卷，有可能就是今日的杏雨書屋的存物。

〔註36〕朱鳳玉著：《太公家教研究·漢學研究》第 4 卷第 2 期；臺北市，漢學研究中心，民國 75 年 12 月，頁 390。

〔註37〕鄭阿財著：《敦煌蒙書析論·敦煌學國際研討會論文集》第 2 屆；臺北市，漢學研究中心，1990 年 7 月，頁 226。

法藏：P.2553、P.2564、P.2600、P.2738、P.2774、P.2825、P.2937、P.2981、
P.3069、P.3104、P.3248、P.3430、P.3569、P.3599、P.3623、P.3764、
P.3797、P.3894、P.4085、P.4588、P.4880、P.4995；（22 卷）（誤將
P.3797 寫成 P.3799）

日藏：日本寧樂美術館藏、日本有鄰館藏本、大谷文書 3507 號殘片〔註38〕。
（3 卷）

中國：《鳴沙石室佚書》、北平圖書館藏本乃字 27 號、《貞松堂藏西陲祕
籍》。（3 卷）

（五）1996 年，許玟芳《敦煌本〈太公家教〉卷數及思想初探》，敦煌
遺書《太公家教》共計 43 卷說〔註39〕：

英藏：S.479、S.1163、S.1291、S.1401、S.3835、S.4901、S.4920、S.5655、
S.5729、S.5773、S.6173、S.6183、S.6243；（13 卷）（誤將 S.479 寫
成 S.497）

法藏：P.2553、P.2564、P.2600、P.2738、P.2774、P.2825、P.2937、P.2981、
P.3069、P.3104、P.3248、P.3430、P.3569、P.3599、P.3623、P.3764、
P.3797、P.3894、P.4085、P.4588、P.4880、P.4995；（22 卷）（重複寫
P.2564，誤將 P.4880 寫成 P.4800）

日藏：日本寧樂美術館藏、日本有鄰館藏本、小田義九《大谷文書集成》。
（3 卷）

中國：《鳴沙石室佚書》、北平圖書館藏本乃字 27 號、《貞松堂藏西陲祕
籍》、何彥昇藏殘卷、唐蘭藏殘卷；（5 卷）

（六）1997 年，周愚文《敦煌寫本〈太公家教〉初探——校勘與分析》，
敦煌遺書《太公家教》共計 34 卷說〔註40〕：

英藏：S.1163、S.1291、S.1401、S.3835、S.4901、S.4920、S.5655、S.5729、
S.5773、S.6173、S.6183、S.6243；（12 卷）

---

〔註38〕小田義九《大谷文書集成》第二卷，3507 題作「文章抄寫練習斷片」有：「1.
余乃生逢□2. 逆流移，只欲陽□3. 只欲揚名於後□4. 薄不堪人師。□」案：究
其大意乃《太公家教》序殘文。法藏館，1990 年 3 月，頁 114。

〔註39〕許玟芳作：《敦煌本〈太公家教〉卷數及思想初探‧龍華學報》第 13 期；桃園
縣，龍華工商專科學校，1996 年 7 月，頁 52～58。

〔註40〕周愚文著：《敦煌寫本〈太公家教〉初探——校勘與分析》，教育研究集刊，臺
北市，1.June 1997，頁 129～130。http://tpl.ncl.edu.tw

法藏：P.2553、P.2564、P.2738、P.2774、P.2825、P.2937、P.2981、P.3069、
P.3104、P.3248、P.3430、P.3569、P.3599、P.3623、P.3764、P.3797、
P.3894、P.4085、P.4588、P.4880；（20 卷）

中國：《鳴沙石室佚書》、北平圖書館藏本乃字 27 號；（2 卷）

（七）2009 年，黑田彰《太公家教注解》，敦煌遺書《太公家教》共計
47 卷說〔註41〕：

英藏：S.479、S.1163、S.1291、S.1401、S.3011、S.3835、S.4901、S.4920、
S.5655、S.5729、S.5773、S.6173、S.6183、S.6243；（14 卷）

法藏：P.2553、P.2564、P.2600、P.2738、P.2774、P.2825、P.2937、P.2981、
P.3069、P.3104、P.3248、P.3430、P.3569、P.3599、P.3623、P.3764、
P.3797、P.3894、P.4085、P.4588、P.4880、P.4995、P.5031；（23 卷）

日藏：羅振玉氏舊藏本、羅振玉舊藏本甲卷、羅振玉舊藏本乙卷、B11va
（日藏）、寧樂本、大谷本 3167、大谷本 3169、大谷本 3175、大谷
本 3507、大谷本 4394。（10 卷）

（八）2010 年，張新朋《敦煌寫本〈太公家教〉殘片拾遺》補，敦煌遺
書《太公家教》共計 57 卷說〔註42〕：

其論文僅綜述合王重民、蘇樺、松尾良樹、戴密微、周鳳五、高國藩、朱
鳳玉、鄭阿財等多位著書，並未詳列各家之敦煌遺書寫卷號數，認定《太公家
教》基礎寫卷計 42 件。

英藏：S.12563、S.13352；（增加 2 卷）

法藏：P.3962；（增加 1 卷）

國圖：BD16191 號 C、BD16196 號 C；（增加 2 卷）

俄藏：Дx3111、羅振玉藏本之一 Дx03858、Дx03863、Дx03894、Дx4251、
Дx04932、Дx06141、Дx12696、Дx12827、Дx19082。（10 卷）

---

〔註41〕黑田彰、山崎誠（幼學之會）：《太公家教注解》，東京，汲古書院，平成 21 年
（2009.03.31）。

〔註42〕張新朋撰：《敦煌寫本〈太公家教〉殘片拾遺》補；浙江省教育廳科研項目「敦
煌、吐魯番文獻蒙書殘片研究」，《社會科學戰線》，2010 年第 4 期，第 47～51
頁。

（九）2022 年，余聯芳《敦煌寫本〈太公家教〉之整體研究》，敦煌遺書《太公家教》共計 67 卷說〔註43〕：

英藏：S.479、S.1163、S.1291、S.1401、S.3011、S.3835、S.4901、S.4920、S.5655、S.5729、S.5773、S.6173、S.6183、S.6243、S.12563、S.13352；（16 卷）

法藏：P.2553、P.2564、P.2600、P.2738、P.2774、P.2825、P.2937、P.2981、P.3069、P.3104、P.3248、P.3430、P.3569、P.3599、P.3623、P.3764、P.3797、P.3894、P.3962、P.4085、P.4588、P.4880、P.4995、P.5031；（24 卷）

日藏：羅振玉氏舊藏本、羅振玉舊藏本甲卷、羅振玉舊藏本乙卷、B11va（日藏）、寧樂本、大谷本 3167、大谷本 3169、大谷本 3175、大谷本 3507、大谷本 4394；（10 卷）

中國：《鳴沙石室佚書》、北平圖書館藏本乃字 27 號、《貞松堂藏西陲祕籍》（僅以一卷計算）、何彥昇藏殘卷、唐蘭藏殘卷、BD16191 號 C、BD16196 號 C；（7 卷）

俄藏：Дх3111、羅振玉藏本之一 Дх03858、Дх03863、Дх03894、Дх4251、Дх04932、Дх06141、Дх12696、Дх12827、Дх19082。（10 卷）

　　總結過往中、日學者專家們對中、英、法、日藏之敦煌文獻《太公家教》寫本所作之研究：源自 1985 年始，雷僑雲《敦煌兒童文學》有 34 卷說；1986年周鳳五《敦煌寫本〈太公家教〉研究》並未收入《英藏》斯 479，卻將未識之何彥昇、唐蘭和貞松堂藏西陲秘笈之兩個斷片等其他中國所收藏資料以 8 卷收錄作為增補，其加總共計 41 件；1986 年朱鳳玉《太公家教研究》，新增收錄《英藏》斯 4901 號和僅收錄中國鳴沙石室佚書、北平圖書館藏本乃字 27 號和貞松堂藏西陲祕籍等 3 件，再加上《日藏》日本寧樂美術館藏、日本有鄰館藏共 2 件，以敦煌遺書《太公家教》共計 40 卷說法為研究基礎；1990年鄭阿財《敦煌蒙書析論》，在朱鳳玉的基礎上，又加上《日藏》大谷文書 3507號殘片，敦煌遺書《太公家教》此時共計 41 卷說；1996 年許玫芳《敦煌本〈太公家教〉卷數及思想初探》，認為以上各家卷數有需要釐清之處，保留朱

〔註43〕根據（日）高田時雄著《近代中國的學術與藏書》所述：日本有鄰館所藏寫本的大部分均係何彥昇舊藏，根據就是名曰《何彥昇中丞藏敦煌石室唐人秘笈六十六種》目錄（下稱《有鄰館目錄》）的存在，以及部分寫本鈐有「何彥昇家藏唐人秘笈」之印，不知今日國圖是否仍收有何彥昇藏殘卷《太公家教》。

鳳玉《英藏》、《法藏》外，另僅收錄中國鳴沙石室佚書、北平圖書館藏本乃字 27 號、貞松堂藏西陲祕籍、何彥昇（1860～1910）藏殘卷、唐蘭（1901～1979）藏殘卷等 5 卷，加上《日藏》日本寧樂美術館藏、日本有鄰館藏本、小田義九《大谷文書集成》計 3 卷，其敦煌遺書《太公家教》共計 43 卷說；1997 年周愚文《敦煌寫本〈太公家教〉初探——校勘與分析》，又在朱鳳玉 40 件說的基礎上剔除《英藏》斯 479 號和《法藏》伯 2600 號、伯 4995 號、《國藏》貞松堂藏西陲秘笈和《日藏》2 卷，以敦煌遺書《太公家教》共計 34 卷說研究；2009 年，黑田彰《太公家教注解》，僅收錄以《英藏》、《法藏》和《日藏》敦煌遺書《太公家教》為基礎，此時的敦煌遺書《太公家教》增加為共計 47 卷說。

　　《俄藏敦煌文獻》出版之前，學界大多利用英藏、法藏、日藏和國藏敦煌文獻，直到 1998 至 2001 年，上海古籍出版社發行了大型文獻圖集 17 冊《俄藏敦煌文獻》，從此敦煌寫本《太公家教》已被認定的殘卷或殘片總數已增至 52 件。2010 年由浙江大學張新朋教授在《俄藏敦煌文獻》的新發現，發表《敦煌寫本〈太公家教〉殘片拾遺》和《敦煌寫本〈太公家教〉殘片拾遺·補》二篇文章，他先於《敦煌寫本〈太公家教〉殘片拾遺》認定了 8 件前人未曾著錄的俄藏《太公家教》寫卷，他又於 2012 年調查《英藏敦煌文獻（漢文佛經以外部分）》、《法藏敦煌西域文獻》、《國家圖書館藏敦煌遺書》、《甘肅藏敦煌文獻》時再認定了《太公家教》寫卷 6 件，共計有《俄藏敦煌文獻》之 Дx3111 號、Дx3858 號、Дx3863 號、Дx3894 號、Дx4251 號、Дx4932 號、Дx6141 號、Дx12696 號、Дx12827 號和 Дx19082 號等《俄藏》敦煌遺書新發現共計 10 件。

　　聯芳案：此章節最大目的即為釐清今日研究敦煌寫卷《太公家教》的卷數所做考證和探索，乃將上述學者雷僑雲、周鳳五、朱鳳玉、鄭阿財、許玫芳、周愚文、日本黑田彰氏、張新朋和本人等九人整理敦煌寫本《太公家教》寫本序號按其發表時間先後，追循各學人所研究與整理書籍或文章，將其依收藏國家之類別，寫本依號次排列，綜合概述如上，故今敦煌遺書《太公家教》寫本 67 卷說之綜合卷數考證與整理，希其或可為本論文增加一新資料也。

# 第三節　《太公家教》寫本之卷數種數

　　從上節整理得知，研究敦煌學不能脫離目錄，針對敦煌寫本《太公家教》的整體研究更必須以目錄為引導，從目錄出發。但是敦煌遺書經不同國家的眾

多學者用多種方式進行著錄，一直都呈現各自為營的局面。二十一世紀的今日，若要對敦煌寫本《太公家教》進行統觀性的比較研究，必須先總結與統合過往各國收藏敦煌遺書的經驗，此乃當務之急。以下便將有關敦煌寫本《太公家教》的寫本或殘卷，收集於敦煌地區（包括藏經洞）和特別是中國、英、法、日和俄羅斯四國所收藏，凡涉及敦煌地區的文物性文獻，或對上述材料進行研究而發現的文獻，參照現當代學者的論文、專著等，將其按原本分類並表述如下。

## 一、中國國家圖書館藏敦煌文獻《太公家教》

鳴沙石室佚書（羅氏誤題為《開蒙要訓》）、北平圖書館藏本乃字 27 號、貞松堂藏西陲祕籍、何彥昇藏殘卷、唐蘭藏殘卷〔註 44〕、BD16191 號 C、BD16196 號；（7 卷）

**1. 鳴沙石室佚書本**：見（周氏附圖一，15 頁）〔註 45〕、（黑田彰影印本 1，15 頁）〔註 46〕

此卷為羅振玉舊藏，王國維跋曾言：「頃在唐風樓見此卷，蓋亦同出千佛洞石室，為斯坦因、伯希和二氏所遺，又石室餘書未歸京師圖書館時流出人間者也。」經羅氏影寫輯入《鳴沙石室佚書》。卷首上截稍殘，首題「太公家教一卷」今僅存「卷」字，篇首缺「余乃生逢亂代」六字，其餘皆完整；尾題「太公家教一卷」；共計一百二十八行，字跡尚稱工整。〔註 47〕

**2. 國立北平圖書館藏乃字第二十七號**：

根據周鳳五記載〔註 48〕，此卷內容見許國霖所輯《敦煌雜錄》下輯頁一六一下，起「余乃生逢亂代」至「禮聞來學」止，未完篇，尾題「太公家教一卷」。

---

〔註 44〕查貞松堂藏西陲祕籍、何彥昇藏殘卷、唐蘭藏殘卷三件，未見殘卷，無資料可錄。

〔註 45〕周鳳五著：《敦煌寫本太公家教研究》；臺北：明文書局，民國 75 年 5 月初版（1986），頁四十～四十七。

〔註 46〕黑田彰：《太公家教注解》；日本東京：汲古書院，平成 21 年 3 月 31 日（2009），頁 251～265。

〔註 47〕周鳳五著：《敦煌寫本太公家教研究》；臺北：明文書局，民國 75 年 5 月初版（1986），附圖一，頁四十至四十一。

〔註 48〕周鳳五著：《敦煌寫本太公家教研究》；臺北：明文書局，民國 75 年 5 月初版（1986），頁 9。

### 3. BD16191 號 C（張新朋《敦煌寫本〈太公家教〉殘片拾遺‧補》）〔註49〕

　　殘葉，1頁2個半頁，每半頁3行，共3行，行9字。《國家圖書館藏敦煌遺書‧條記目錄》（下稱《條記目錄》）著錄有云：「BD16191號C為從BD2729號背面揭下來的古代裱補紙」和「首全尾全。半頁書寫，半頁空白」。寫有文字的半頁，存三行文字，其錄文為：「賜酒，即滇拜受。尊者賜肉，骨不與狗。尊者賜草，懷▢在手，勿得▢ ▢令（？）。本殘葉，《條記目錄》原題作『弟子行範』，根據張新朋〔註50〕的新發現，以原條擬之題不確切，經與伯3764號文本校勘，本殘葉當定作《太公家教》。

### 4. BD16196 號（張新朋《敦煌寫本〈太公家教〉殘片拾遺‧補》）

　　殘葉，2頁4個半頁，每半頁3行，共12行，行6～7字。所抄文字《條記目錄》分甲、乙、丙、丁四面予以錄文，依次為：

　　〔甲面〕父，晨者（省）慕（暮）參。知／飢知渴，知暖知▢。／憂共則戚，樂／

　　〔乙面〕則同歡。父母有疾，甘美不飡，食無求飽，飢無求安。／

　　〔丙面〕▢樂不樂，聞喜不／看。不羞（修）身體，不／整衣冠。父母疾喻（愈）／

　　〔丁面〕惣亦不難。弟子事／師，敬同於父，習其／道術（？），隨其言語。

　　此殘葉，《條記目錄》擬題為「弟子規範」，張氏經論證引用伯2564號《太公家教》，其原擬題不確切，本殘葉當為《太公家教》為宜。

　　另「BD16196號亦為從BD2729號背面揭下來的古代裱補紙」和BD16191C兩者內容不重複；形式上均為冊頁裝殘葉，每半頁抄3行，每行所抄字數大體相同，故張氏懷疑此二殘葉為由同一文獻撕裂而來，但二者之間殘缺較多，加上墨色、紙張大小稍有差異，應以暫且存疑後證之為宜。

## 二、英藏敦煌文獻《太公家教》

　　S.479、S.1163、S.1291、S.1401、S.3011、S.3835、S.4901、S.4920、S.5655、S.5729、S.5773、S.6173、S.6183、S.6243、S.12563、S.13352；（16卷）

〔註49〕張新朋撰：《敦煌寫本〈太公家教〉殘片拾遺‧補》；浙江省教育廳科研項目「敦煌、吐魯番文獻蒙書殘片研究」，《敦煌學輯刊》，2012年第3期，第70～75頁。（收稿日期2011年10月15日）

〔註50〕張新朋撰：《敦煌寫本〈太公家教〉殘片拾遺‧補》；浙江省教育廳科研項目「敦煌、吐魯番文獻蒙書殘片研究」，《敦煌學輯刊》，2012年第3期，第70～75頁。（收稿日期2011年10月15日）

**1. 斯四七九**：見（周附圖十五）〔註 51〕、（黑田彰影印本 4，共 3 頁）〔註 52〕

　　全卷存四十九行，約三十句。卷首殘缺，始於「意重則密、情薄則疏……故云其大者乎」共七行，確認為《太公家教》語，但能辨認不足十五句，尾題「太公家教一卷」六字。周氏斯四七九附圖十五僅見一頁，黑田彰則見附圖四共三頁。自第八行起至後篇，疑為「太公與武王對話紀錄」共計四十二行，篇末有紀年：乾符六年正月二十八日學生呂康三讀誦記，最後又有記太公家教一卷，乾符六年為公元 879 年。聯芳案：周氏寫本敘錄校勘並未歸類斯四七九，查此篇雖自第八行起，至後篇共計四十二行，疑為「太公與武王對話紀錄」，惟篇首七行仍為太公家教語，周氏實應將其納入研究《太公家教》材料中。

**2. 斯一一六三**：見（周附圖八）〔註 53〕、（黑田彰影印本 5，共 6 頁）〔註 54〕

　　據黑田彰氏藏斯 1163 之影印本連殘卷共計 12 份，惟斯 1163a 卷存六十五行，約 266 句為《太公家教》文。卷首殘缺，起「三人同行必有我師焉」至第六十四行「意欲教於童兒」。尾題「太公家教一卷」六字。卷尾題記：「庚戌年十二月十七日永寧寺學仕郎如順進自手書記」一行，卷面清楚。聯芳案：此庚戌年或為公元 830 年、890 年或 950 年，若是公元 830 年可謂最早的太公家教文存，時為中唐文宗太和 4 年，惟此說仍有待考證。

**3. 斯一二九一**：見（周附圖二十五）、（黑田彰影印本 6，共 5 頁）〔註 55〕

　　共有三卷，斯 1291a 計 39 行 142 句，卷首尾殘缺，自「只欲隱山學道，不能忍凍受飢」至「口能招禍」，計存二十九行為《太公家教》語，第 30 行開始為借據，故後有四行為立據人和保人，卷面模糊；斯 1291c 計 15 行 69 句，自「動則庠序，敬慎口言，終身無苦」至「高山之樹，苦於風雨，路邊之」再加上「白玉投泥，不污其色，近佞者諂，近偷者賊」；另又有斯 1291vb 計 14

---

〔註 51〕周鳳五著：《敦煌寫本太公家教研究》；臺北：明文書局，民國 75 年 5 月初版（1986），附圖十五。

〔註 52〕黑田彰：《太公家教注解》；日本東京：汲古書院，平成 21 年 3 月 31 日（2009），頁 268～270。

〔註 53〕周鳳五著：《敦煌寫本太公家教研究》；臺北：明文書局，民國 75 年 5 月初版（1986），附圖八。

〔註 54〕黑田彰：《太公家教注解》；日本東京：汲古書院，平成 21 年 3 月 31 日（2009），頁 271～276。

〔註 55〕黑田彰：《太公家教注解》；日本東京：汲古書院，平成 21 年 3 月 31 日（2009），頁 277～283。

行 68 句，自「路逢尊者，齊腳斂手」至「一行有失，百行俱傾，能依此禮，
無事不精」。

4. **斯一四〇一**：見（周附圖二十八）、（黑田彰影印本 7，2 頁）〔註56〕

存 32 行約 67 句，卷首尾殘缺，上下截斷裂，自「貪心害己」至「責其
具體（禮）」，惟字體整齊畫一、橫勁有力，可惜卷面殘破，應非一般童兒習
字帖。

5. **斯三〇一一**：只見於（黑田彰影印本 8，1 頁）〔註57〕

存 15 行，此篇較似習字帖。先有「得人一牛，還人一馬」重複六行，後
有「兵馬使張弘度」、「北大像」等。

6. **斯三八三五**：見（周附圖七，1 頁）〔註58〕、（黑田彰影印本 9，15 頁）〔註59〕

此篇有界欄，鈔《太公家教》，卷首殘缺，起「（勿）行欺巧，孝子事父，
晨醒暮參」至第九十三行「意欲教於童兒」為《太公家教》文，尾題「太公家
教一卷」六字，此篇《太公家教》存文較為完整；並以下鈔《千字文》、《百鳥
名一卷》；卷尾題記：「庚寅年十二月日，押牙索不子自手記書」一行。

惟《百鳥名》後有五頁有關佛經文字，其第二頁空白處有「佛說東方不」，
另五行疑為借條之內文，提及「于時太平興國九年甲申歲四月二日」，即宋太
宗趙光義年號（西元 984 年），以此推論斯三八三五所作年代庚寅年，確認其
為宋太宗淳化元年即西元 990 年。

7. **斯四九〇一**：見（黑田彰影印本 10，2 頁）〔註60〕

首頁卷首殘缺，似為「韓朋家書」共二十七行；次頁二十一行，雜寫《妙
法蓮經》、《新集嚴父孝》、《千字文》等，段落文字所見似雜寫，非鈔書。惟中
有「太公家教一卷余乃生逢」，一行十字。

---

〔註56〕黑田彰：《太公家教注解》；日本東京：汲古書院，平成 21 年 3 月 31 日（2009），
頁 284～285。
〔註57〕黑田彰：《太公家教注解》；日本東京：汲古書院，平成 21 年 3 月 31 日（2009），
頁 286。
〔註58〕周鳳五著：《敦煌寫本太公家教研究》；臺北：明文書局，民國 75 年 5 月初版
（1986），附圖七。
〔註59〕黑田彰：《太公家教注解》；日本東京：汲古書院，平成 21 年 3 月 31 日（2009），
頁 287～301。
〔註60〕黑田彰：《太公家教注解》；日本東京：汲古書院，平成 21 年 3 月 31 日（2009），
頁 302～303。

**8. 斯四九二○**：見（黑田彰影印本 11，4 頁）〔註61〕

　　首二頁為《太公家教》文，卷首殘缺，自「（斜徑敗）於良田」至「意欲教於童兒」，計存四十三行，約 200 句，卷尾題「太公家教一卷」。後二頁似祈福文，有「伏蒙長興二年」字句，為公元 931 年，又有「時丁未年正月十四日燉煌鄉百姓陳繼」，此丁未年應為寫作年代公元 957 年，惟不明統一殘卷之兩者為何竟相差 16 年之久？

**9. 斯五六五五**：見（周附圖十三，1 頁）〔註62〕、（黑田彰影印本 12，8 頁）〔註63〕

　　有界欄，卷首殘缺，自「不照覆盆之下」至「意欲教於童兒」，計存 4 頁九十二行 217 句，卷尾題「太公家教一卷」；後又有佛經 2 頁十八行和人物繪圖 6 個。

**10. 斯五七二九**：（黑田彰影印本 13，1 頁）〔註64〕

　　此殘卷經剪裁割裂，存自「（復無晏）嬰之機」至「壹日為君」，計存十三行 56 句。

**11. 斯五七七三**：（黑田彰影印本 14，2 頁）〔註65〕

　　殘片，卷首尾及下部殘缺黟黑，自「（非是時）流，惡人欲染，（吞鈎）之魚，恨不忍飢」至「（當）道作舍，苦於客（旅）」，計存三十一行，約 150 句。

　　另根據張新朋所研究之新發現，S.5773 與 S.6243 兩者不但皆為《太公家教》，二者更是同一寫卷之裂，可以將其綴合。〔註66〕張氏並提出依據具體簡述，為免重複，請參閱下頁之斯 6243。

〔註61〕黑田彰：《太公家教注解》；日本東京：汲古書院，平成 21 年 3 月 31 日（2009），頁 304～307。

〔註62〕周鳳五著：《敦煌寫本太公家教研究》；臺北：明文書局，民國 75 年 5 月初版（1986），附圖十三。

〔註63〕黑田彰：《太公家教注解》；日本東京：汲古書院，平成 21 年 3 月 31 日（2009），頁 308～315。

〔註64〕黑田彰：《太公家教注解》；日本東京：汲古書院，平成 21 年 3 月 31 日（2009），頁 316。

〔註65〕黑田彰：《太公家教注解》；日本東京：汲古書院，平成 21 年 3 月 31 日（2009），頁 317～318。

〔註66〕張新朋撰：《敦煌寫本〈太公家教〉殘片拾遺》；浙江省教育廳科研項目「敦煌、吐魯番文獻蒙書殘片研究」，《敦煌學輯刊》，2012 年第 3 期，第 50 頁。（收稿日期 2011 年 10 月 15 日）

**12. 斯六一七三：**（黑田彰影印本 15，4 頁）〔註 67〕

首二頁為《太公家教》文，卷首尾殘缺，自「他弱莫欺」至「先取其方」，計存四十六行，後二頁為習字帖。

**13. 斯六一八三：**（黑田彰影印本 16，1 頁）〔註 68〕

卷首尾殘缺，自「（來而不）往，亦非禮也」至「意欲去處，必須審之」，計存二十一行，約 97 句，字體端正瀟灑。

**14. 斯六二四三：**（黑田彰影印本 17，2 頁）〔註 69〕

殘片，卷首尾殘缺，首行僅存文字左半，首頁上下截斷裂，文句雖幾不可通讀，但根據殘跡仍可推測為「君比干雖惠，不能自免其身，（不殺岸上至）人」至「齒剛則折，（舌）柔則長」，計存二十六行。在 1962 年出版的二號《敦煌遺書總目索引》已確定為《太公家教》，惟各家研究均僅止於此，但今有張新朋提出此卷與斯 5773 兩者不但皆為《太公家教》，二者更是同一寫卷之裂，可以將其綴合。張氏提出依據具體簡述如下：

> 首先，從行款上看，二號補齊殘缺後，每行所抄大抵在 21 字，行款相合；其次，從抄寫風格來看，文字抄寫比較認真，書寫比較工整，所形成的卷面整體風格一致；再次，從個別文字的寫法來看，二者之間也很相似，不少文字寫法幾近一致，如：S.5773 號「子須從後」句「子」字與 S.6243 號「法不加於君子」、「慈父不愛不孝之子」的「子」字，S.5773 號「男年長大」、「女年長大」之「長」與 S.6243 號「長而學」之「長」、「舌柔則長」之「長」，S.5773 號「□為人父」的「人」字與 S.6243 號「禮不加於小人」、「勿施於人」的「人」字等。綜上，我們可以判定二者乃同一寫卷之裂，可以綴合，綴合後二者之間仍殘由「不慎之家，苦於官府」至「微子雖賢，不能諫其闇君」等 24 行左右的文字。今據二者所存內容，大體推定二者的位置關係，將二者綴合如下，以供參看。〔註 70〕

---

〔註 67〕黑田彰：《太公家教注解》；日本東京：汲古書院，平成 21 年 3 月 31 日（2009），頁 319～322。

〔註 68〕黑田彰：《太公家教注解》；日本東京：汲古書院，平成 21 年 3 月 31 日（2009），頁 323。

〔註 69〕黑田彰：《太公家教注解》；日本東京：汲古書院，平成 21 年 3 月 31 日（2009），頁 324～325。

〔註 70〕張新朋撰：《敦煌寫本〈太公家教〉殘片拾遺》；浙江省教育廳科研項目「敦煌、吐魯番文獻蒙書殘片研究」，《敦煌學輯刊》，2012 年第 3 期，第 50 頁。

　　聯芳案：張氏此舉之研究新發現實值得讚賞與肯定，經其比對 S.5773 與 S.6243 後，最令人驚訝的事實確實如張氏所云，其行款每行所抄大抵在 21 字，並無牽強之處，可見相合程度之高；另其抄寫風格比較認真，兩者書寫之工整，所形成的卷面整體風格難得一致；同時，如同張氏所舉例如上，就算從個別文字的寫法分析，二者之間相似度極大，S.5773 與 S.6243 文字風格寫法幾近一致，故從二者所存內容，再推定二者位置關係，個人認為其綴合後確實有同一寫卷之裂之疑。張氏此新發現實為研究敦煌遺書《太公家教》立下一功。

**15. 斯一二五六三（張新朋《敦煌寫本〈太公家教〉殘片拾遺‧補》）**〔註71〕

　　殘片，首尾及下部殘，存殘文 6 行，首行存若干文字的左半，第二行存「法治人人則得安」，第三行存「亡兄弟信讒必☐」，第 4 行存「必致死怨天雨五☐」，第五行存「止沸不如棄薪千人☐」，末行存「貪心害己利口傷身瓜」。據張新朋所云此件《英藏》題作「殘片」。又據伯 3764 號相校勘，此殘片所抄內容判斷，其文字源於《太公家教》。

　　之前曾詳述張氏將斯 5773 號+斯 6243 號《太公家教》之斯 6243 號部分的第 5 至第 10 行上部有殘缺，而本殘片的 6 行文字下部殘缺，且二者內容前後相接，經筆者（張新朋）比對，發現本殘片所存的文字恰好是斯 6243 號所殘缺之部分，二者可以綴合。

**16. 斯一三三五二（張新朋《敦煌寫本〈太公家教〉殘片拾遺‧補》）**〔註72〕

　　殘片，首尾及上下皆殘，存殘文 3 行，首行存「暴者亡清清之水」，第二行存「人有過密掩☐」，末行僅存若干字的右端殘跡。張新朋據此件《英藏》題作「殘片」。據伯 2564 號相校勘，此殘片所抄內容判斷，其文字亦源於《太公家教》。

　　張氏另以此殘片與斯 5773、斯 6243 和斯 12563 號三件字體甚近，不少相同或相類的字寫法基本亦同，以其形成的卷面風格似為一體；再者，從行款上看斯 5773、斯 6243 和斯 12563 號以行 18～24 字為主，本殘片若補齊殘缺，或可推知其行款在行 26 字左右，故二者行款亦大體相同；張氏繼之推論上述

〔註71〕張新朋撰：《敦煌寫本〈太公家教〉殘片拾遺‧補》；浙江省教育廳科研項目「敦煌、吐魯番文獻蒙書殘片研究」，《敦煌學輯刊》，2012 年第 3 期，第 70～71 頁。（收稿日期 2011 年 10 月 15 日）

〔註72〕張新朋撰：《敦煌寫本〈太公家教〉殘片拾遺‧補》；浙江省教育廳科研項目「敦煌、吐魯番文獻蒙書殘片研究」，《敦煌學輯刊》，2012 年第 3 期，第 70～71 頁。（收稿日期 2011 年 10 月 15 日）

三件可以綴合，當為同一寫卷之裂，而本殘卷斯 13352 位於斯 6243 號之前，二者間大約殘缺兩行，故依各號的內容及行款大體推定各號的位置關係，將以上 4 件綴合。張氏以上契合 4 件殘卷之舉不可謂不是創舉。

### 三、法藏敦煌文獻《太公家教》

P.2553、P.2564、P.2600、P.2738、P.2774、P.2825、P.2937*、P.2981、P.3069、P.3104、P.3248、P.3430、P.3569、P.3599、P.3623、P.3764、P.3797、P.3894、P.3962、P.4085、P.4588、P.4880、P.4995、P.5031*；（24 卷）

**1. 伯二五五三**：（黑田彰影印本 18，8 頁）〔註 73〕

首五頁語昭君出嫁和蕃，內有古詩和祭文；第六頁始見《太公家教》文，卷首下截斷裂，自「余乃生逢亂代」至「捨父（事君）」，卷尾殘缺，計存十行；最後兩頁黝黑難辨。

**2. 伯二五六四**：（周附圖九，1 頁）〔註 74〕、（周附圖十一，1 頁）〔註 75〕、（黑田彰影印本 19，14 頁）〔註 76〕

有界欄，首三頁鈔〈晏子賦〉、〈斟嗣新婦文〉各一卷，及第四至七頁有《太公家教》一卷。首提「太公家教壹卷」，自「余乃生逢亂代」至「意欲教於童兒」止，全篇完整，尾題「太公家教一卷」六字。此卷共存一百二十三行，僅卷尾上截稍殘，為今存《太公家教》寫本較完全者。後七頁文意前後皆不相應，惟卷末有「乙酉年五月八日字樣」，疑此「乙酉」或為後唐時代，公元 925 或公元 985 年。

**3. 伯二六○○**：（周附圖十七，1 頁）、（黑田彰影印本 20，2 頁）〔註 77〕

首句遭塗黑，自「余之志也，五帝為家」至「未辯玼瑕，本不（呈於君子）」，後接武王家教文，於篇後尾題「太公家教一卷」六字，實全文僅約 8 句為《太公家教》文。

〔註 73〕黑田彰：《太公家教注解》；日本東京：汲古書院，平成 21 年 3 月 31 日（2009），頁 326～333。

〔註 74〕周鳳五著：《敦煌寫本太公家教研究》；臺北：明文書局，民國 75 年 5 月初版（1986），附圖九。

〔註 75〕周鳳五著：《敦煌寫本太公家教研究》；臺北：明文書局，民國 75 年 5 月初版（1986），附圖十一。

〔註 76〕黑田彰：《太公家教注解》；日本東京：汲古書院，平成 21 年 3 月 31 日（2009），頁 334～347。

〔註 77〕黑田彰：《太公家教注解》；日本東京：汲古書院，平成 21 年 3 月 31 日（2009），頁 348～349。

**4. 伯二七三八：**（周附圖十二）〔註78〕、（黑田彰影印本 21，13 頁）〔註79〕

　　卷首殘缺，自「物（勿）行（欺誑）」至「故云其大者乎」，《太公家教》文計存 6 頁一百十九行，約 550 句，首尾無標題，亦無題記；後七頁之文意前後難通，並有多種筆跡，惟尾二頁有咸通己丑六月字樣，此篇或為唐懿宗咸通己丑十年，即公元 869 年所記。

**5. 伯二七七四：**（黑田彰影印本 22，2 頁）〔註80〕

　　第一頁之卷首尾殘缺，自「（百）伎不妨其身」至「小人好見人之非」，計存二十行，約 103 句；第二頁述記羅漢比丘涅槃供養事宜。

**6. 伯二八二五：**（周附圖二）〔註81〕、（黑田彰影印本 23，16 頁）〔註82〕

　　全卷存一百四十二行。卷首殘缺，起「（必須）慎之」，至第九十八行「意欲教於意（童）兒」，為《太公家教》文，尾題「太公家教一卷」；自第九十九行「武王問太公曰」起，接鈔武王與太公問答語，訖第一百四十行「相續相報，是其常理也」，為《武王家教》全文；第一百四十一行題「太公家教一卷」六字；末行題記：「大中四年庚午正月十五日，學生宋文顯讀，安文德寫。」案，唐宣宗大中四年即西元 850 年，此為寫本題記所見確定年代之最早者。惟第九頁出現景福二年即公元 893 年、第十四頁出現大順元年即 890 年字樣，由於此份收藏前後字體差異甚大，甚難判斷。

**7. 伯二九三七：**（周附圖三，1 頁）〔註83〕、（黑田彰影印本 24，11 頁）〔註84〕

　　存六十七行。卷首上下截殘缺。起「（惡事莫）樂」至「居（飢）不擇食」約 300 句。卷背有「中和□年」四字，似隨筆塗寫者，第六頁又有「維大唐中和肆年二月二十五日，沙州敦煌郡學士郎兼充行軍除解□太學博士宋宋英達」

---

〔註78〕周鳳五著：《敦煌寫本太公家教研究》；臺北：明文書局，民國 75 年 5 月初版（1986），附圖十二。

〔註79〕黑田彰：《太公家教注解》；日本東京：汲古書院，平成 21 年 3 月 31 日（2009），頁 350～362。

〔註80〕黑田彰：《太公家教注解》；日本東京：汲古書院，平成 21 年 3 月 31 日（2009），頁 363～364。

〔註81〕周鳳五著：《敦煌寫本太公家教研究》；臺北：明文書局，民國 75 年 5 月初版（1986），附圖二。

〔註82〕黑田彰：《太公家教注解》；日本東京：汲古書院，平成 21 年 3 月 31 日（2009），頁 365～380。

〔註83〕周鳳五著：《敦煌寫本太公家教研究》；臺北：明文書局，民國 75 年 5 月初版（1986），附圖三。

〔註84〕黑田彰：《太公家教注解》；日本東京：汲古書院，平成 21 年 3 月 31 日（2009），頁 381～391。

等字。又題詩一首：「寫書不飲酒，恆日必頭乾，但作須宜過，面作」詩未鈔全，且多訛誤。案：《敦煌雜錄》下輯頁一七八著錄北平圖書館藏位字六十八號卷子有詩云：「寫書不飲酒，恆日筆頭乾；且作隨宜過，即與後人看。」又，宿字九十九號卷子亦有詩云：「寫書今日了，因何不送錢？誰家無賴漢，迴面不相看。」兩詩與此卷背所錄頗覺雷同，蓋當日寫經生流傳之打油詩，學童信筆漫錄以遣日耳。中和為唐僖宗年號，其四年即西元八八四年，題記字跡與《太公家教》文同出一手，但第 7、8、10 頁卻又出現光啟三年（公元 887 年）字樣，疑此卷或即寫於唐僖宗中和至光啟年間，即 884～887 年。

**8. 伯二九八一：**〔背面〕，（周附圖十四）〔註85〕、（黑田彰影印本 25，8 頁）〔註86〕

　　首四頁正面鈔《春秋經傳集解》昭公二十八、二十九年文。背面鈔《太公家教》與《武王家教》，字跡非常工整。自「（孝）養君家」至「故知其大者乎」，計存《太公家教》八十三行，篇末無標題，接鈔「武王問太公曰」云云兩行，為《武王家教》文，八十五行以後，卷子斷缺。

**9. 伯三〇六九：**（黑田彰影印本 26，2 頁）〔註87〕

　　卷首尾殘缺，自「（君清則用）文，多言不益其體」至「難則相久（救），危（則相扶）」，計存二十四行。

**10. 伯三一〇四：**（黑田彰影印本 27，2 頁）〔註88〕

　　卷首尾殘缺，自「小作為人子，長作為人父」至「先取其方」，計存三十七行。

**11. 伯三二四八 v：**〔背面〕（黑田彰影印本 28，4 頁）〔註89〕

　　此二頁為黃曆，記載該月吉凶並宜行事宜。背面卷首尾殘缺，自「（敬同）於父」至「養子」，計存三十八行，惜字跡潦草，加上墨色不清，甚難辨讀。

---

〔註85〕周鳳五著：《敦煌寫本太公家教研究》；臺北：明文書局，民國 75 年 5 月初版（1986），附圖十四。

〔註86〕黑田彰：《太公家教注解》；日本東京：汲古書院，平成 21 年 3 月 31 日（2009），頁 392～399。

〔註87〕黑田彰：《太公家教注解》；日本東京：汲古書院，平成 21 年 3 月 31 日（2009），頁 400～401。

〔註88〕黑田彰：《太公家教注解》；日本東京：汲古書院，平成 21 年 3 月 31 日（2009），頁 402～403。

〔註89〕黑田彰：《太公家教注解》；日本東京：汲古書院，平成 21 年 3 月 31 日（2009），頁 404～407。

12. 伯三四三〇：（黑田彰影印本 29，5 頁）〔註 90〕

　　卷首尾殘缺，自「他婢莫與言」至「道之以德，齊之以禮」，計存六十七行，最後一頁黝黑，無法辨識。

13. 伯三五六九：（周附圖四）〔註 91〕、（黑田彰影印本 30，8 頁）〔註 92〕

　　首三頁存七十一行。雖卷首殘缺起「三人同行，必有我師」至「故諸其大者乎」，尾題「太公家教一卷」，卷末題記：「維景福二年二月十二日，蓮臺寺學士索威建記書。」案：景福為唐昭宗年號，其二年為西元八九三年。惟第四頁起，又有官酒戶馬三娘憑索酒本粟來往書信，其落款日為光啟三年四月，即西元 887 年；然何以前後相差 6 年之久，實令人不解。

14. 伯三五九九：（黑田彰影印本 31，4 頁）〔註 93〕

　　卷首題「太公家教一卷」，自「余乃生逢亂代」至「梨（李）下不整冠，聖（人雖渴）」，計存八十九行，紙地稍顯黝暗。

15. 伯三六二三 a：（周附圖十）〔註 94〕、（黑田彰影印本 32，12 頁）〔註 95〕

　　前六頁為《太公家教》，卷首殘缺，前十九行上截斷裂，前二十六行有界欄，存一百二十四行，起「（亡）鄉失土」至「故云其大者乎」，尾題「太公家教一卷」，另有題記一行，字跡不清，無法辨識。此卷鈔存全文，惟卷首稍殘，且未鈔篇末跋尾耳。後六頁紙質黝黑，文意不明。

16. 伯三七六四：（周附圖五）〔註 96〕、（黑田彰影印本 33，15 頁）〔註 97〕

　　存一百六十二行。卷首前六行下半截殘缺，起「余乃生逢乱代，長值危時」

〔註 90〕黑田彰：《太公家教注解》；日本東京：汲古書院，平成 21 年 3 月 31 日（2009），頁 408～412。

〔註 91〕周鳳五著：《敦煌寫本太公家教研究》；臺北：明文書局，民國 75 年 5 月初版（1986），附圖四。

〔註 92〕黑田彰：《太公家教注解》；日本東京：汲古書院，平成 21 年 3 月 31 日（2009），頁 413～420。

〔註 93〕黑田彰：《太公家教注解》；日本東京：汲古書院，平成 21 年 3 月 31 日（2009），頁 421～424。

〔註 94〕周鳳五著：《敦煌寫本太公家教研究》；臺北：明文書局，民國 75 年 5 月初版（1986），附圖十。

〔註 95〕黑田彰：《太公家教注解》；日本東京：汲古書院，平成 21 年 3 月 31 日（2009），頁 425～436。

〔註 96〕周鳳五著：《敦煌寫本太公家教研究》；臺北：明文書局，民國 75 年 5 月初版（1986），附圖五。

〔註 97〕黑田彰：《太公家教注解》；日本東京：汲古書院，平成 21 年 3 月 31 日（2009），頁 437～451。

至第一百四十二行「意欲教於童兒」，為《太公家教》文。自下接鈔「武王問太公曰」云云，至第一百七十八行「相續相報，是其常理也」為《武王家教》文。卷尾題「太公家教一卷」六字。第一百八十行題記云：「天復九年己巳歲十一月八日，學士郎張△乙午時寫記之耳」案：天復為唐昭宗年號，其元年為西元九〇一年，昭宗十五年崩，子哀帝立，改元天佑，三年，朱溫篡唐，是為梁太祖，改元開平；計天復九年當為梁太祖開平三年，即西元九〇九年。敦煌地處西北邊陲，沿用唐昭宗天復年號不改，易代之際，此事習見。此《敦煌遺書》後六頁因前後文意不明和底色黝黑，無法辨認。

17. 伯三七九七：（周附圖六）〔註98〕、（黑田彰影印本34，5頁）〔註99〕

首三頁有界欄，首卷大半殘缺，起「（凡人不可）貌相」至第五十五行，約239句至「意欲教於童兒」，為《太公家教》文，次行題「太公家教一卷」六字。第五十七行至六十七行為《新集嚴父教》，亦為當時流行的教子治家格言。卷背有孫宙清戶籍資料一行，又信筆塗寫兩行，又「維大宋開寶九年丙子歲三月十三日寫子文書了」題記一行，又信筆塗寫四行，又一行寫「太公家教一卷」六字，又「上大夫，丘一己，化三千，七十二。女小生，八九子，牛羊千，口宅字」等字兩行，審視筆跡，開寶九年題記與《太公家教》文似出一手。案：開寶為宋太祖年號，太祖九年十月崩，太宗即位，是年十二月改元太平興國。史表於開寶止八年，此卷寫於三月，故仍題開寶九年，即西元九七六年。此為《太公家教》寫本題記所見年代最晚者。

18. 伯三八九四：（黑田彰影印本35，12頁）〔註100〕

卷首4頁為《太公家教》文，卷尾殘缺，自「則須諫之」至「長而學者」，計存九十八行，後八頁多殘片，且紙地黝暗，部分字跡不易辨識，第六頁有光化四年字樣，旁記甚多疑似人名，疑此作於光化四年，即唐昭宗西元901年。

19. 伯三九六二：（張新朋《敦煌寫本〈太公家教〉殘片拾遺·補》）〔註101〕

〔註98〕周鳳五著：《敦煌寫本太公家教研究》；臺北：明文書局，民國75年5月初版（1986），附圖六。

〔註99〕黑田彰：《太公家教注解》；日本東京：汲古書院，平成21年3月31日（2009），頁452～456。

〔註100〕黑田彰：《太公家教注解》；日本東京：汲古書院，平成21年3月31日（2009），頁457～468。

〔註101〕張新朋撰：《敦煌寫本〈太公家教〉殘片拾遺·補》；浙江省教育廳科研項目「敦煌、吐魯番文獻蒙書殘片研究」，《敦煌學輯刊》，2012年第3期，第70～71頁。（收稿日期2011年10月15日）

殘片，首尾及上下皆殘，正面存殘文 4 行，不甚清晰，首行存「而至君□□」，第二行存「在身不羞乞□」，第三行存「太公未遇鳥□」，末行僅存某二字右端殘跡。《法藏》題作「殘片」。背面為 社司轉帖。張新朋以伯 2774、伯 2825 號、伯 2981 號、伯 3623 號、伯 3764、伯 3835 號和斯 6243 號等互校，謂此殘片正面所抄乃《太公家教》。

**20. 伯四〇八五：**（黑田彰影印本 36，2 頁）〔註 102〕

　　卷首尾殘缺，自「不修身體」至「動則庠序」，計存四十一行，約 160 句，紙地黝暗。

**21. 伯四五八八：**（黑田彰影印本 37，4 頁）〔註 103〕

　　首頁卷首殘缺，存三十四行，約 120 句。起「（候）時而（起）」至第三十二行「故云其大者乎」。行末信筆塗寫「受罪」等字，次行題「太公家教一卷」六字，卷尾有「壬申年十月十四，學士郎張盈信紀書」題記一行，疑此壬申年或為後梁太祖乾化二年（西元 912 年），或宋太祖開寶五年（西元 972 年）。後又信筆塗寫「寫字經，今三百。言語壹，勿不解。富次家，中大郎」等字一行。後兩頁有五言詩「今朝到此間，酒前交頸還。喫著壹盞籽，面孔赤糾糾。」與「勅歸義軍節度使一心供養」等。

**22. 伯四八八〇：**（黑田彰影印本 38，3 頁）〔註 104〕

　　首頁中尾段皆殘缺，僅留首段 10 行，自「余乃生逢亂世」至「先慎口言，卻整（容兒）」，約存 50 句。後 2 頁 3 殘片黝黑，完全無法辨認。

**23. 伯四九九五：**（黑田彰影印本 39，4 頁）〔註 105〕

　　首二頁首尾皆有殘缺，內述「皇王壽域，寰瀛內外，寧康先資……」等語，第三頁為《太公家教》語，首尾亦缺，自「莫聽詆語」至「李下不整冠」，約 260 句。

〔註 102〕黑田彰：《太公家教注解》；日本東京：汲古書院，平成 21 年 3 月 31 日（2009），頁 469～470。

〔註 103〕黑田彰：《太公家教注解》；日本東京：汲古書院，平成 21 年 3 月 31 日（2009），頁 471～474。

〔註 104〕黑田彰：《太公家教注解》；日本東京：汲古書院，平成 21 年 3 月 31 日（2009），頁 475～477。

〔註 105〕黑田彰：《太公家教注解》；日本東京：汲古書院，平成 21 年 3 月 31 日（2009），頁 478～481。

**24. 伯五○三一：**（黑田彰影印本 40）〔註 106〕

此卷亦殘片，首尾及上下皆殘，存殘文 5 行，首行如「（卻整）容（兒）」僅存一「容」字，第二行存「□□行欺巧□」，第三行存「知饑知渴，知暖知寒」，第四行存「母有疾甘美□」，末行存略為完整的「問」字一個及其後四字的右半。

張新朋將伯 2937 號和伯 5031 號綴合，以第二行至第五行與伯 2937 號卷首的前 4 行在內容上前後相接（以伯 2937 在上，伯 5031 在下），參校比對二者相近行款、相類字體等因素，亦假設此二者由同一寫卷割裂而來。由於張氏嘗試將本殘片第 4 行「母」字上端所殘的部分及第五行「樂不樂」三字所缺的左半，均位於伯 2937 號上，諸字銜接處顯密合無間，故張氏此又為另一敦煌寫本《太公家教》之新發現。

## 四、日藏敦煌文獻《太公家教》

羅振玉氏舊藏本、羅振玉舊藏本甲卷、羅振玉舊藏本乙卷、B11va（日藏）、寧樂本、大谷本 3167、大谷本 3169、大谷本 3175、大谷本 3507、大谷本 4394；（10 卷）

本論文研究過程中，發現 2006 年由山崎誠氏所發表〈《太公家教》流傳考・I 敦煌本《太公家教》諸本概要〉，其論文內提到張娜麗氏在《西域出土文書的基礎的研究——中國古代小學書、童蒙書的諸項》，發現龍谷大學善本叢書《大谷文書集成》中《太公家教》的六則殘簡（其中部分殘簡早見於小島憲之氏《學事閑日——以童蒙教訓書斷片為中心》一文（《短歌文芸あけぼの》55 1977 年）。〔註 107〕以上實又一非常重要發現，因為其揭露留存於日本的敦煌遺書有關於《太公家教》比黑田彰氏更為豐富的內容，茲此依序，分述於下：

**1. 羅振玉氏舊藏本**〔1～584〕：（黑田彰影印本 1）

考此卷應為羅振玉舊藏原本，今收藏於日本，其影印本見於黑田彰、山崎誠（幼學之會）之《太公家教注解》，經校對與周鳳五《敦煌寫本太公家教研究》內所附圖之羅氏影寫輯入《鳴沙石室佚書》全篇同。卷首亦上截稍殘，首題「太公家教一卷」僅存「卷」字，篇首缺「余乃生逢亂代」六字，其餘皆完整；尾題「太公家教一卷」；共計一百二十八行，經細校，惟此二版本之部分

---

〔註 106〕黑田彰：《太公家教注解》；日本東京：汲古書院，平成 21 年 3 月 31 日（2009），頁 482。

〔註 107〕山崎誠撰，張伯偉編：《風起雲揚／首屆南京大學域外漢籍研究國際學術研討會論文集》，北京：中華書局，2009.10，頁 559～560。

字跡、筆順有所不同。故此次整體研究，即以周鳳五所見《太公家教》為校本，而以日藏之羅振玉舊藏原本為底本，進行研究。〔註108〕

**2. 羅振玉氏舊藏本　甲卷〔351〜396〕：（黑田彰影印本2）**

　　此與下殘卷，《貞松堂藏西陲秘籍叢殘》俱曾誤題《開蒙要訓》，今正。此卷首尾殘缺，僅存殘片，自「（欲）防外敵」至「讒言敗（於善人）」，計十二行，內容文字與原作亦有所出入，如「先須內防」、「仁慈者受」、「濟濟之仕，為酒所……密掩深藏……唐虞雖聖，不能諫其……」，相比其他敦煌遺書，此殘卷雖少，所留文字卻較為通順，疑為汪泛舟所採用之。〔註109〕

**3. 羅振玉氏舊藏本　乙卷〔327〜368〕：（黑田彰影印本3）**

　　卷首尾殘缺，僅存殘片，自「（倍年以長則）父事之十年」至「濟濟（之士）」，計十行，內文近似汪泛舟與黑田彰所參考。

**4. B一一va〔1-5〕、vb〔1-39〕：（黑田彰影印本41a、41b）〔註110〕**

　　存十八行，首句首題「太公家教一卷至只欲隱山學道」，空白數行，再重複「太公家教一卷至禮聞來學，太公家教卷」，後有四行字一語《太公家教》無關。此處作「忘鄉失土，波迸流移，只欲隱山學道……只欲楊名於後世，復無晏之機，才輕得箔……」此篇未知出自日本哪家博物館之收藏，僅依黑田彰氏提供各家參考。

**5. 寧樂本〔48〜103〕：（黑田彰影印本42）〔註111〕**

　　此殘本存二十行，「太公家教」存中段「真實在心」至「忿能積惡，必須忍之」計十二行，首尾俱缺，後八行則未能辨認，疑為他篇。

**6. 大谷本3167〔407〜419〕：（黑田彰影印本43）〔註112〕**

　　殘片僅存19字，疑為「分別異居，夫婦信讒，荊棘蒙恩，抱薪救火，火必成災，千人排門，不如一人拔關」。據山崎誠氏所述，此為文學關係文書斷

〔註108〕黑田彰、山崎誠（幼學之會）：《太公家教注解》，東京，汲古書院，平成21年（2009.03.31），頁251〜265。

〔註109〕黑田彰、山崎誠（幼學之會）：《太公家教注解》，東京，汲古書院，平成21年（2009.03.31），頁266。

〔註110〕黑田彰：《太公家教注解》；日本東京：汲古書院，平成21年3月31日（2009），頁483。

〔註111〕黑田彰：《太公家教注解》；日本東京：汲古書院，平成21年3月31日（2009），頁484。

〔註112〕黑田彰：《太公家教注解》；日本東京：汲古書院，平成21年3月31日（2009），頁485。

片 9.6x9.2 釐米：得安。治家信讒，家必敗亡；兄弟信讒，分別異居；／男女生分；夫婦信讒，朋友信／讒，必致死怨。夫婦信讒，天雨五穀，／荊棘蒙恩。抱薪救火，火必盛炎；揚湯止沸，不如／去薪；千人馮門；不如一人拔關；一人守隘，當夫／莫當。＋⑱〔註113〕

**7. 大谷本 3169〔456～461〕：**（黑田彰影印本 44）（同上 64）

查黑田氏影本殘片存 9 字，疑為「巢父居山，魯連赴海……鶴鳴九皋，聲聞於天」。山崎誠氏所述，此為文學關係文書斷片 9.5x7 釐米：不羞乞食之恥。／貧不可欺，富不可恃，陰陽相摧，周而復始。／太公未達，釣魚於水；相如未遇，壳蕳於市；巢／父居山，魯連赴海，孔明盤桓，候時而起。／鶴鳴九皋，聲徹於天，電裏燃火，煙氣成雲；／家中有惡，人必知聞；身有德行，人必稱傳。／惡不可作，＋⑲⑳

**8. 大谷本 3175〔357～368〕：**（黑田彰影印本 45）（同上 64）

查黑田氏影本殘片僅存 22 字，疑為「凡人不可貌相……或出公王，蒿艾之中……助鬥得傷，仁慈者受，濟濟之人，為酒所殃」。據山崎誠氏所述，此為文學關係文書，唐詩類，斷片 11.3x10 釐米：欲防外敵，先須內防；欲揚人惡，先須自揚；傷人之語，／還是自傷。凡人不可貌相，海水不可斗量；茅茨／之家，或出公王；蒿艾之中，或出蘭香。助祭得食，／助鬥得傷；仁慈者受（壽），兇暴者亡。清清之水，為土所／傷，齊齊之人，為酒所殃。聞人善事，／乍可稱揚；知人有過，密掩深藏；是故，罔談彼短，靡恃己長。＋⑯〔註114〕

聯芳案：此二種版本皆留存日本，惟大谷文書版本內容，更較黑田彰氏影本完整，惜其論文並無影本可供比勘。

**9. 大谷本 3507〔1～10〕：**（黑田彰影印本 46）（同上 64）

殘片存 21 字，可見為《太公家教》之首篇「余乃生逢亂代，長值危時，……波迸流移，只欲隱山學道，……只欲揚名於後，……才輕德薄，不堪人師。」據山崎誠氏所述，此為文章抄寫練習斷片 10.7x9 釐米：余乃生逢亂代，長值危時，亡鄉失土，波／迸流移，只欲隱山學道，不能忍凍受飢；／只欲揚名於後代，復無晏嬰之機；才輕／德薄，不堪人師，徒消人食，浪費人衣；＋序

〔註113〕山崎誠撰，張伯偉編：《風起雲揚／首屆南京大學域外漢籍研究國際學術研討會論文集》，北京：中華書局，2009.10，頁 559～560。

〔註114〕山崎誠撰，張伯偉編：《風起雲揚／首屆南京大學域外漢籍研究國際學術研討會論文集》，北京：中華書局，2009.10，頁 560。

**10. 大谷本 4394〔545～565〕：**（黑田彰影印本 48）（同上 64）

　　殘片存 21 字，疑為「榮則同榮、辱則同憂……勤是無價之寶，學是明月神珠。積財千萬，不如明解經書。良田千頃，不如薄藝隨驅。……重賞之下，必有勇夫。……養男不教，為人養奴。」據山崎誠氏所述，此為佛書斷片 10.5x10.5 釐米：意重則密，情薄則疏；榮則共樂，難／則相救，危則相扶。忍是無価之寶，學是明月神珠；積財千萬，／不如明解經書；良田三頃，不如薄藝隨身。香餌之下，／必有懸魚；重心則賞之下，必有勇力；功者可賞，過者可誅。慈父／不愛無力之子，只愛有力之奴。養男不敏，不如養奴；養女不教，／不如養豬。癡人畏婦，賢女敬夫。+㉓

　　除上之外，山崎誠氏在論文內更補充另有大谷本 4371：雖乃性質不明文書，小片，4.3x5 釐米，但內容卻與《太公家教》有所相同：君子固窮，不擇官而事；厄之之人，不羞執鞭之仕；饑寒在身，不羞乞食之恥。貧不可欺，富不可恃，陰陽相摧，周而復始。太公未達，釣魚於水；相如未遇，売蜀於市；巢父居山，魯連赴海，+⑲

　　從上述的大谷文書零星斷片，日本山崎誠氏結論：「即#3175、#3167、#3169 三則筆跡相同，故至少有三種寫本在阿斯塔那地區流傳。這說明與敦煌相同，蒙書的抄寫頗為盛行，也說明現存「序文」乃原本存在，其中所述成書情況非後人所為，可以信據。即使從為數不多的斷片與敦煌本比較來看，如#3167 和其他各本在文本上所出現的異同。〔註115〕聯芳案：山崎誠氏結論之說頗為客觀，其為事實而論，因為目前所見多為不具名之不同抄本，故可預見當時蒙書抄寫的盛行，但所有研究講究第一手材料，若其能提供在日本更多留存的敦煌遺書《太公家教》有關影本作為附件，讓其他學者專家也可親炙敦煌遺書的真貌，此〈《太公家教》之流傳考〉將也更具意義和啟發性。

## 五、俄藏敦煌文獻《太公家教》

　　Дx3111、羅振玉藏本之一 Дx03858、Дx03863、Дx03894、Дx4251、Дx04932、Дx06141、Дx12696、Дx12827、Дx19082；（10 卷）

　　1998 年至 2001 年，上海古籍出版社發行大型文獻圖書《俄藏敦煌文獻》共 17 冊。此書出版以前，學界大多只利用英藏，法藏、日藏和國圖藏的敦煌

---

〔註115〕山崎誠撰，張伯偉編：《風起雲揚／首屆南京大學域外漢籍研究國際學術研討會論文集》，北京：中華書局，2009.10，頁 560。

文獻，作為敦煌學研究的根據。《俄藏敦煌文獻》之公佈較晚，對於前輩學者們或根本無緣眼見或雖曾見到卻又未能有機會充分利用，直到 2010 年左右，才有張新朋發表《敦煌寫本〈太公家教〉殘片拾遺》，自謂其在調查《俄藏敦煌文獻》的過程之新發現，他先發表論文從俄藏認定《太公家教》殘片八件（經其綴合後成 6 片）和另有《武王家教》殘片 2 片（由於本人論文主要進行《太公家教》之整體研究，惟恐繁雜冗長，偏離主題，故暫省略《武王家教》或其他相關課題）；稍後張新朋後又有新發現，當他調查《英藏敦煌文獻（漢文佛經以外部分）》、《法藏敦煌西域文獻》、《國家圖書館藏敦煌文獻》、《甘肅藏敦煌文獻》時，又發表《敦煌寫本〈太公家教〉殘片拾遺·補》提出再認定《太公家教》寫卷 6 件，另有《俄藏敦煌文獻》Дx3111 號和 Дx4251 號兩件，張氏對《太公家教》殘片的認定和綴合，使大家對敦煌文獻中的《太公家教》寫卷有了更為完整、更系統性地把握，他此舉利用《俄藏敦煌文獻》所收穫真不可不謂是敦煌學上的一大創見。

聯芳案：由於敦煌文獻中《太公家教》的殘片辨識，一直受囿於英藏，法藏、日藏和國圖藏的敦煌文獻，故上海古籍出版社發行此項大型文獻圖書《俄藏敦煌文獻》，實有助於各地敦煌學者們的開發與研究，而張新朋《太公家教》此 16 殘片的發現更開拓和提升《太公家教》在敦煌學中地位和研究的視野，實值得擊掌稱讚，張氏實為敦煌學在《俄藏敦煌文獻》的研究打了一劑強心針。

2012 年又有石冬梅《〈俄藏敦煌文獻〉第十冊殘片考辨定名》一文，提出《俄藏敦煌文獻》第一至五冊殘片較少，但第六至八冊之殘片先發現有馬德先生在《戒幢佛學〈俄藏敦煌寫經部分殘片內容的初步辨識〉》做出的考證，石氏繼之將第九、十冊做出整理，發現《俄藏敦煌文獻》第十冊文書殘片的全面爬梳考辨時，數件敦煌社會文書皆具有極高研究價值，而其中分類為非佛經文獻的她也發現有 Дx3111，經其辨識後亦認定此篇為《太公家教》之殘卷。但需以論文發表時間而論，目前為止只知張新朋發現 Дx3111 的發表交稿日期於 2011 年 10 月 15 日，未明石氏之交稿日期，甚難下判斷孰為新發現之人。以下將引用張新朋在《俄藏敦煌文獻》之《太公家教》新發現做一表述：

**1. Дx 03111**

殘片，首尾和下部均殘缺，正背兩面書，背面為藏文殘文，正面存殘文四行，所存內容從右至左依次為：第一行存「治國信□必殺忠」，第二行存「別異居夫婦信」，第三行存「天雨五穀荊棘□」，第四行存「如去薪□」。以上殘文為

行書體。根據張新朋和石冬梅之探勘，今謂《俄藏敦煌文獻》定名《勸誡文》，有誤，據殘存內容判斷，再將其與伯 2825 號《太公家教》文句參校，考此件實應為《太公家教》，而其殘片第 1、第 2、第 4 行所殘文字分別應為「饒」、「蒙」、和「千」字。

　　張新朋所撰《敦煌寫本〈太公家教〉殘片拾遺・補》之一文，提及敦煌文獻《太公家教》殘片的辨識增加有 Дx 03111 和 Дx 4251 兩件，此文為浙江省教育廳科研項目「敦煌、吐魯番文獻蒙書殘片研究」，由《敦煌學輯刊》在 2012 年第 3 期第 70～75 頁發表，此件收稿日期 2011 年 10 月 15 日。〔註116〕

　　巧合的是 2012 年 6 月國家圖書館館刊（101 年第一期）發行之內容亦有石冬梅著《〈俄藏敦煌文獻〉第 10 冊殘片考辨定名》陳述其新發現，石氏針對《俄藏》收入之 Дx 2701 至 Дx 03600 號文書定名，共計考證殘片一百七十餘，新發現了數件敦煌社會文書，具有極高研究價值，譬如新發現 Дx 03111《俄藏敦煌文獻》擬名〈勸誡文〉，實際乃《太公家教》，據其摘要有述：

　　　　本文對《俄藏敦煌文獻》第 10 冊的文書殘片進行了全面爬梳考
　　辨，原來未定名者予以定名，定名錯誤的加以改正。新發現了數件
　　敦煌社會文書，具有較高研究價值，譬如 Дx 03111，《俄藏敦煌文
　　獻》擬名《勸誡文》，實際乃《太公家教》；……〔註117〕

　　聯芳案：雖說學術研究新思維或新理論的提出，皆標誌著學術的新發現。但上述《俄藏》Дx 03111 實際乃《太公家教》之新發現，卻同時有張新朋和石冬梅兩人同作說明和發表，確定無誤之虞，惟此二人發表時間相差無幾，已知張氏撰稿時間為 2011 年 10 月 15 日，惜未知石氏撰稿時間為何？未明時間真相之前，難免偏頗，故甚難斷定何人應為此《俄藏》Дx 03111 之第一發現者。

## 2. 羅振玉藏本之一 Дx03858

　　Дx03858，殘片，正面存 17 行，首尾及上部殘，首行存某二字的左端殘跡，次行起「序竟慎口言終（身）」，末行訖「白玉投泥」；背面存殘文 10 行，大體分為不慎相關的五部分。《俄藏》未定名。今謂殘片正面所抄為《太公家

---

〔註116〕張新朋撰：《敦煌寫本〈太公家教〉殘片拾遺・補》；浙江省教育廳科研項目「敦煌、吐魯番文獻蒙書殘片研究」，《敦煌學輯刊》，2012 年第 3 期，第 70～75 頁。（收稿日期 2011 年 10 月 15 日）

〔註117〕石冬梅：《〈俄藏敦煌文獻〉第十冊殘片考辨定名》，國家圖書館館刊，一〇一年第一期（2012.6），頁 51～52。

教》，經與伯 3764 號部分相關文句同，始自「懃事女功，莫學歌舞；……，白玉投泥，不污其色」共 74 句，故當定做《太公家教》殘片。比照伯 3764 號，殘片首行所存為「歌舞」二字之殘跡，卷背前 5 行所抄則出自《論語·學而》篇。

根據張新朋所述〔註118〕，另在羅振玉《貞松堂藏西陲秘籍叢殘》發現收錄《太公家教》殘片 3 片，發現其中兩片可以綴合，綴合後存 18 行，上部大體完整，起「□（即）父事之。十年以上，即兄□□（事之）」，訖「□□□（斜徑敗於）良田。饒言敗□□（於善人）」。張氏謂經過比對，發現綴合後的殘片與 Дx03858 在行款、書風等方面頗接近，當是同一寫卷之裂。後又進而分析如下：首先從行款、綴合後的殘片、據殘存文字等推斷，《貞松堂藏西陲秘籍叢殘》殘片每行抄 19～21 字，與 Дx03858 每行約 18 字的行款大體相合；其次，從書風看，二者亦頗似，文字寫法基本相同，張氏提出參看羅振玉藏本「欲求其短」與 Дx03858 「費其言語」的「其」，另「不能諫其□（闇君）」、「不入慎家之門」與 Дx03858 之「不解絲麻」、「不畏夫主」、「牛羊不收」等句的「不」，及其他含有捺形筆畫的捺筆。張氏更據殘片殘存情況，推定二者位置關係，綴合如下圖。惟經綴合後，中間仍缺「不污其色。近佞者諂，近偷者賊。」至「三人同行，必有我師焉，擇」等 180 餘字。

聯芳案：張氏分析此二卷，經其綴合並私下加以比對，個人認為確實有多處字體相仿，最重要是文句契合亦恰巧符合其殘片辨識位置，不禁佩服張氏之研究態度竟如此大膽，惟其亦循跡小心求證，此治學態度之嚴謹，值得學習以證其設。但是我個人仍不太同意張氏此說。因此件若僅從綴合字體極其相似而謂其為同一寫卷之裂，仍覺牽強附會，因為兩件敦煌遺書缺少了「如之前張氏比對 S.5773 與 S.6243 二者之間異同時，確實如張氏所云行款每行所抄大抵在 21 字，但此件卻以殘存文字推斷，每行抄 19～21 字或 Дx03858 每行約 18 字，二者相合程度並不一致；另 S.5773 與 S.6243 文字之抄寫風格認真、書寫工整致形成的卷面整體風格一致，此件之抄寫風格亦同樣認真，惟書寫工整卻未使卷面整體風格感覺一致；張氏更舉例從個別文字的寫法分析，S.5773 與 S.6243 之間相似度亦極大，故才斷定 S.5773 與 S.6243 文字風格寫法幾近一致，此點

〔註118〕張新朋撰：《敦煌寫本〈太公家教〉殘片拾遺》；浙江省教育廳科研項目「敦煌、吐魯番文獻蒙書殘片研究」，《敦煌學輯刊》，2012 年第 3 期，第 47～48 頁。（收稿日期 2011 年 10 月 15 日）

意見是此件較為一致的說法」，故從二者所存內容，再推定二者位置關係，故吾個人意見其綴合後並非同一寫卷之裂。

**3. Дx03863**

殘片，有界行，正面存殘文 7 行，首尾及下部殘，首行起有「越他事莫知，他貧莫笑」，至「是時流，即須避」；背面又有關宋文子、李文文等的社會文書及其他一些內容。《俄藏》未定名。將與伯 3764 號相校勘，其正面所抄為《太公家教》，故此殘片可當定作《太公家教》殘片。

**4. Дx03894**

殘片，正面存殘文 3 行，有界行：第一行存「白銀乍可相與好」，第二行存「弟子有束脩□」，第三行存「父教子之法常」；背面僅存「漱口」二字。《俄藏》未定名。今與伯 3764 相校勘，殘片正面所抄應出自《太公家教》。

**5. Дx04251**

殘片，存殘文 6 行，行 1～3 字，首尾及上下皆殘，末行僅存某字右端殘跡，其餘 5 行所存，從右至左依次為「□（整？）□」、「□風□」、「不隱」、「用武」、「□君不」。《俄藏》未定名。張新朋據伯 2825 相校勘，推定該殘片所抄文字出自《太公家教》，故定作《太公家教》殘片，又此片與張氏之前認定的 Дx04932 號殘片在內容上可前後相接，且書風、字體、行款皆甚相近，再經張氏比對，發現此二者又為同一寫卷之裂，可以綴合，銜接處基本吻合。

**6. Дx04932**

殘片，存殘文 6 行，首尾及下部殘，首行、末行均僅存一字殘跡，次行存「身瓜田不」，第三行存「道泉之水□」，第四行存「父忠臣」，第五行存「亂（？）」。《俄藏》未定名。將此件與伯 2825 號相校勘，自「瓜田不躡履，李下不整冠 ……，君濁則用武，君清則用文」等句，此 Дx04932 殘片所抄，或源於此，故亦定其作《太公家教》殘片。

惟張新朋為 Дx04932 校勘時，又提出其「道」為「盜」字音誤，「飲」字之殘，該行末字則是「暴」字之殘；第四行首字乃「于」字；唯第五行之「亂（？）」似有問題，依其殘片行款，與「禮不合於小人」句位置大體相當，卻又與殘存文字判斷不相近，張氏表此件疑俟應再考證之。

**7. Дx06141**

殘片，卷背存殘文兩行：第一行「不覩夫之父兄不□」，第二行存「敬事夫主，汎愛尊」。《俄藏》未定名。此篇與伯 3767 號《太公家教》相校勘，得

「新婦事君，同於事父，音聲莫聽，形影不覩；婦之父兄，不德對語。孝養翁家，敬事夫主；汎愛尊賢，教示男女。」觀其二者吻合度相當高，此件亦應作《太公家教》殘片。

### 8. Дx12696

Дx12696 號，殘片，正面存殘文 10 行，首尾及上部殘，首行起「女行則緩步」，末行至「▢無親」；背面倒書文字兩行，抄「門前」、「八十隨能」等字。《俄藏》未定名。（綜合如下述）

### 9. Дx12827

Дx12827 號，殘片，正面存殘文 8 行，首尾及上部殘，首行起「凡愛」，末行至「風聲大醜▢▢」；背面抄有學郎詩兩行。《俄藏》未定名。（綜合如下述）

### 10. Дx19082

Дx19082 號，殘片，正面存殘文 6 行，首尾及上部殘，首行起「▢親損」，末行至「▢（翁）婆敬事」；背面倒書文字兩行，抄「門前」、「八十隨能」等字。《俄藏》未定名。（綜合如下述）

今將此《俄藏》8、9、10 未定名之三殘片 Дx12827 號＋ Дx19082 號＋Дx12696 號與伯 3764 號相校勘，此三殘片正面所抄皆《太公家教》。而更甚者，此三者之間或為同一寫卷之裂，將其綴合後發現：Дx12827 號末行止於「污染宗親」句之「污染」二字，而 Дx19082 號又恰好始於「宗親」，二者在內容上恰好相連； Дx12696 號首行補「夫主汎愛尊賢教示男」9 字後又恰好與 Дx19082 號末行「敬事」二字相連，而該行抄 16 字與其他兩片行款亦吻合；更進一步參照其三件字體：如 Дx12827 號「育女」之「女」與 Дx12696 號首字「女」及「妻」字所從之「女」、三者之「言」字等、再加上每行約 17 字的行款及三者銜接處吻合的巧妙，推算其三者綴合後當為同一寫卷之裂。

另針對《俄藏敦煌文獻》Дx 03111，石冬梅亦有考辨其原擬名〈勸誡文〉有誤。此件首尾和下部均缺，僅存四殘行，行書。石氏考此件為敦煌流行之蒙書《太公家教》，據以往發表的《太公家教》敦煌寫本有四十餘件，石冬梅稱此件以前尚未被學界發現〔註119〕。聯芳案：查《俄藏敦煌文獻》Дx 03111

---

〔註119〕石冬梅：〈《俄藏敦煌文獻》第十冊殘片考辨定名〉，國家圖書館館刊，一〇一年第一期（2012.6），頁 52。

確實乃學界之新發現，但並非石冬梅所為，因早在 2010 年張新朋已有發現和揭露，行文於 2010 年之《敦煌寫本〈太公家教〉殘片拾遺・補》。〔註120〕

石氏曾參照伯 2825 和斯 1163《太公家教》寫本，將此件校錄如下：

（前缺）

治國信讒，必煞忠臣；治家信讒，家必敗亡；兄弟信讒，分別異居；夫婦信讒，男女生分；朋友信讒，必致死怨。

天雨五穀，荊棘蒙恩。抱薪救火，火必盛燃；揚湯止沸，不如去薪。千人排門，不如一人拔關。一人拼命，萬夫不當。

（後缺）

《〈俄藏敦煌文獻〉第十冊殘片考辨定名》一文，石冬梅更同時辨析 173 件殘片，除了 Дх 02814《禮懺文》，Дх 03111《太公家教》，Дх 03128《社條》和 Дх 03135＋Дх 03138《下女夫詞》為世俗文書外，其餘皆為佛經。石氏又因《俄藏敦煌文獻》寫本的書寫年代，皆為殘片，沒有題記下，就其書寫格式和書法特點作出推斷。認為作楷書而帶有濃厚隸書意味者為十六國和北朝時期之寫本；凡作正楷，行書或行草者，當為唐寫本；少數個別寫本字跡較為潦草，此類書寫草率的寫本應多屬於五代至宋初寫本。〔註121〕

今日根據石氏所考辨的殘片，其研究成果所得綜合而論，石冬梅認為《俄藏敦煌文獻》所保存的世俗文書只有《太公家教》、《社條》和《下女夫詞》，其餘均為佛經，由於有的殘片太小，僅存幾個佛經常見字詞，故無法定名。又緣其寫本之書寫年代，皆為殘片，亦無題記下，僅可就其書寫格式和書法特點作一大致推斷。認為凡作楷書而帶有濃厚隸書意味者，可評鑑為十六國和北朝時期之寫本；又凡作正楷，行書或行草者，當為唐寫本；另對個別寫本字跡較為潦草者、書寫草率的寫本或應多屬於五代至宋初寫本，但第十冊殘片僅有個別此類寫本。聯芳案：石氏以寫本之書寫格式和書法特點而作出大致推斷，故對《太公家教》、〈社條〉和〈下女夫詞〉等為學界研究敦煌蒙書和教育，敦煌社邑以及敦煌文學提供了一個相當新穎的研究方向和新資料，此點研究發現實在值得我們關注與學習。

---

〔註120〕 張新朋撰：《敦煌寫本〈太公家教〉殘片拾遺》；浙江省教育廳科研項目「敦煌、吐魯番文獻蒙書殘片研究」，《社會科學戰線》，2010 年第 4 期。

〔註121〕 石冬梅：《〈俄藏敦煌文獻〉第十冊殘片考辨定名》，國家圖書館館刊，一〇一年第一期（2012.6），頁 51～79。

## 第四節 《太公家教》命名之取義

　　對於《太公家教》成書時代背景、作者身分等命名，近代的發現乃在 1910 年尾，羅振玉加詳其文章，載於《鳴沙山石室秘錄》，提出考證云：

　　　　案李翱〈答朱載言書〉：有其理往往有是者，而詞章不能工者有

　　之矣，王氏《中說》，俗傳《太公家教》是也。〔註 122〕

考李翱生於唐代宗大曆七年（772），卒於唐武宗會昌六年（841），乃韓愈之大弟子，著有《李文公集》，當時在安史之亂後，李翱家鄉在甘肅秦安以東的絲綢之路上，或可推測文中所提《太公家教》之書名，該書已成書並流行。羅振玉作出上段考據後數月，傳得到一卷《太公家教》，原不知去處，今見日人黑田彰氏撰《太公家教注解》內有收藏《羅振玉氏舊藏本》，疑即為此篇。後王國維在 1911 年六月寫了篇跋，引李翱的話，又引王明清的《玉照新志》卷三：

　　　　世傳《太公家教》，其書極淺陋鄙俚，然見之唐《李習之文集》，

　　至以《文中子》為一律。觀其中猶引周漢以來事，當是有唐村落間

　　老校書為之。太公者猶曾高祖之類，非渭濱之師臣明矣。

以上資料，又以王明清為北宋學者，若《太公家教》在唐代蒙書已蔚然成風，以其掌握唐朝史料之故，故《太公家教》中的太公者猶曾高祖之類，非渭濱之師，此說猶可信矣。

　　另據王重民在伯希和所記錄的古寫本中，發現一卷原本《六韜》〔註 123〕（P3454）。並以此發見認為《太公家教》非如羅振玉所說是出於劉氏《人物表》、王氏《中說》，亦不認同王國維推測之說，王重民曰：

　　　　是漢代到唐代相傳的原本，所載都是太公對文王和武王所說的

　　種種嘉言懿行。因此，漢唐時代的人，就拿來用為進德之書。《太公

　　家教》就是本著這個意思，從《六韜》裏面取出一些最有進德之助

　　的嘉言，來用作童蒙讀本的。可是《太公家教》，是專取的太公對文

　　王說的話；他對武王說的話，別纂成一部《武王家教》，在敦煌石室

　　內也發現了幾本。宋元豐中（1078～1085）刪去《六韜》裡面的嘉

〔註 122〕羅振玉著：《羅雪堂先生全集》七編（九）；臺灣，大通書局印行，民國 65 年
　　　　　（1976），頁 3391。

〔註 123〕《六韜》又稱《太公六韜》、《太公兵法》，是中國古代先秦時期著名的黃老道
　　　　　家典籍《太公》的兵法部分。

言懿行，專剩下一些言「兵」的話，所以王國維沒有想到《太公家
教》是會出於六韜的。〔註124〕

對於以上數說，本人反有所保留，因考證上仍有諸多疑點，應需核實才下定論。
今簡述如下：

一、王重民對羅振玉的考證之有所保留，據《舊唐書一六○》、《新唐書一七
七》記李翱（774～836）汴州陳留人，為唐代貞元十四年進士，李翱〈答
朱載言書〉記曰：「以劉劭（168～240）或（172～249）《人物表》，王通
（584～618）《中說》，為俗傳之《太公家教》。」此說必應先查閱劉氏《人
物表》和王氏《中說》所說內容，再和《太公家教》兩兩核實，才能下定
論。〔註125〕聯芳案：今根據隋王通撰《中說》〔註126〕，書內確有《太公
家教》一卷，字篇首闕五字，共一百二十七行，每行自十八九字至二十四
五字不等。將此卷文與日人黑田彰氏之《太公家教注解·羅振玉氏舊藏本》
中之《太公家教》內文兩兩比較，字體、句讀、排版盡皆相同，疑此二篇
乃為羅振玉氏唐風樓自《中說》收錄之《太公家教》，並為各家引用之舊
藏原本。

二、王重民指《太公家教》中對「太公」之稱，王國維推測不夠確切，王國維
雖首說為「太公者猶曾高祖之類」；惟其後自行推翻謂未必如是曾高祖之
說，僅以《家教》中舉四個歷史故事「太公未遇，釣魚渭水；相如未達，
賣卜於市……」，或後人就以第一個故事的「太公」命名。王國維此說疑
又過於輕率，推測其說或應有其他依據，宜詳察之。

　　在詳查之時發現本論文第一章第二節曾經提到陳寅恪先生有《敦煌
本〈太公家教〉書後》佚文一篇，經查找相關資料，有張球會教授於2003
年9月，在友人胡文輝君的幫助下，於孔夫子舊書網曾購得一冊20世
紀30年代陳先生在清華授課時所用之講義——《敦煌小說選讀》，其中即含
陳氏佚文一篇，此文或可用解王國維當時推測和猶疑之依據。張氏明言此
講義所收《敦煌本〈太公家教〉書後》，既未見陳寅恪生前曾予刊布，也
不見後世學者將其收入陳氏文集或全集之中，應該是一篇佚文，故特於此

〔註124〕陳寅恪等著：《周叔弢先生六十生日紀念論文集》，龍門書店，1967年，2月，
　　　　頁70。

〔註125〕《全唐文·答朱載言書》

〔註126〕隋·王通撰，宋·阮逸注：《中說》；臺灣，廣文書局，民國64年（1975）出
　　　　版，頁1～18。

專門研究。而今日見此佚文最珍貴處，尤以寅恪先生能夠以多角度考慮《太公家教》之命名說有二，寅恪案語中：

1. 卷中使古人事者實不止太公一條。……假如靜安先生之說。後人何故獨取其中太公一條之首二字冠其書。此理未喻。又靜安先生意謂此書名之太公實指太公望言。如：《四庫全書總目提要》卷一百十七《子部‧雜家類》一《顏氏家訓》條云：陳振孫（1179～1262）《書錄解題》云「古今家訓以此為祖」。（見《解題》卷十雜家類）然李翱（772～841）所稱《太公家教》雖屬偽書。至杜預《家誡》在前久矣。特之推所撰卷帙較多耳……據此，可推知館臣之意雖與靜安先生不同，而以太公為太公望，則無二致。且列舉此書與《家誡》、《家訓》並論。是以「家教」二字為一名詞。而讀作「太公之家教」也。然此書乃刺取舊籍，聯綴成文。實一格言熟語之彙集。其中偶有涉及齊家之語。不過就教育男女，分別立言而已。絕非垂訓子孫之專書也。「家教」之名，雖亦可通。按諸內容。究嫌不切。疑其命名取義，尚有不止於是者。

2. 考唐義淨（635～713）譯《根本說一切有部苾芻尼毘奈耶》，宋贊寧（919～1001）《高僧傳》卷一《義淨傳》載其卒於唐玄宗先天二年。（西曆七一四年。）年七十九，是其生年為太宗貞觀九年。（西曆六三五年。）李習之《答朱載言書》既引《太公家教》為喻，則其書於唐之中葉必已流行。據此推其著作年代，當不能後於唐初，義淨所生之時適與相值，其譯佛經，蓋兼采當時習用之語。此書標名之義，即可藉以印證，……然則當時呼夫之父母為太公太家，當亦為老翁老嫗之通稱。「《太公家教》」者或亦可釋為「太公及太家之教言」，即「老生常談」之謂，若依此為解，然後此書題名與其內容始相符合，並可見王仲言所說雖頗近似，仍有未諦，而諸家俱以「家教」二字為聯語，疑皆不得此「家」字之義者也，故舉義淨譯經之文，以資參證。固未必即為典據，要足為讀是書者備一別解，了一條新思路。

　　張球會《十四陳寅恪佚文《敦煌本〈太公家教〉書後考釋》在轉述陳寅恪按語後亦言：概而言之，陳寅恪此文與王國維的跋

記一樣，堪稱《太公家教》研究的先導。但陳寅恪將「太公家教」釋為「太公及太家之教言」這一「別解」很難令人信服。張氏認為導致陳寅恪失誤的原因，可能主要還是限於當時的條件，只能以《鳴沙石室佚書》寫本為底本，無法與庋藏在海內外的其他寫本進行校勘，在一定程度上影響考證者的思路。基於謹慎從事的考慮，陳寅恪才會說：「舉義淨譯經之文，以資參證，固未必即為典據」，並在文尾留下結語：「並列異說，以俟博雅君子論定。」〔註127〕

聯芳案：張球會實乃新一代治學和研究陳寅恪先生之學者，其多方研究、實事求是的態度乃其治學成功之基礎。此次從其輯佚得見陳寅恪佚文最珍貴處，尤以寅恪先生能以多角度考慮《太公家教》之命名說，陳氏推論一文與王國維的跋記一樣，皆可稱為《太公家教》研究的先導。兩位大師站在歷史的浪尖上，一如既往立基於科學治學態度，大膽假設，小心求證，當發現任何不適當之處即予以刪除，如陳門二弟子蔣天樞（1903～1988）、卞僧慧（1912～2015）就曾言題下有按語：「師云此文應刪去不存。」故遵師囑未編入文集。後張球會又於2004年2月21日承陳美延女士（1937～）（陳寅恪小女兒）見告，乃翁因舊作難稱其意而刪汰者不乏其例。今日始明瞭此佚文為何未能收入文集，而蔣、卞所述又可與陳美延之回憶相印證，亦讓我們明白和佩服大師治學之嚴謹，實為吾人今日治學之楷模。

三、《漢書・藝文志第十》有記：「《伊尹》五十一篇。《太公》二百三十七篇。呂望為周師尚父，本有道者。或有近世又以為太公術者所增加也。《謀》八十一篇，《言》七十一篇，《兵》八十五篇。……道家者流，蓋出於史官，歷記成敗存亡禍福古今之道……」〔註128〕《漢書・藝文志第十》記載的結果或成兩極化，一是推斷此《太公篇》即《太公家教》和《武王家教》，或可反駁王重民的說法，認為《六韜・兵篇》即《太公家教》之說。〔註129〕

---

〔註127〕https://special.rhky.com/mobile/mooc/tocard/114639843?courseId=200836807&name=十四%E3%80%80陳寅恪佚文《敦煌本%E3%80%88太公家教〉書後》考釋&code=

〔註128〕（漢）班固撰：《漢書》；北京市：中華書局，1962年6月第一版，2013年4月第17次印刷，頁1729～1732。

〔註129〕陳寅恪等著：《周叔弢先生六十生日紀念論文集》，龍門書店，1967年2月，頁71。

聯芳案：以上提出的諸疑點皆甚為珍貴，皆須進一步查考校對，才能做出正確判斷。研究結果若有任何存疑之處，亦需保留繼續查考與研判其出處來源的機會，個人認為能如此方為研究《太公家教》之最基本，最迫切的指向。

# 第五節　《太公家教》之成書及抄本時代

王重民《太公家教攷》對敦煌寫本蒙書《太公家教》分成兩部分研究：前半部以《太公家教》是中唐第八世紀（750）到北宋初年第十一世紀（1000）間最盛行的一種童蒙讀本，通用於中國本部。其流傳之廣，使用時間之長，竟沒有第二種童蒙讀本比得上。從第十一世紀開始，是什麼原因讓到南方去的士大夫們對《太公家教》這部曾經盛極一時的蒙書忘卻了，帶出研究初衷。

王氏文章的下半部提出許多名家假設，認為境外不同文字版本的《太公家教》，再次為第十一世紀到第十七世紀中葉（1000～1650），中國北部和東北的遼、金、高麗、滿洲各民族內說各種語言的兒童們採用《太公家教》為教材，中國本部反而漸漸消失的疑問做出推理假設。〔註130〕但是，一千年後敦煌蒙書《太公家教》的出現，帶來什麼樣的影響和發現呢？將《太公家教》為何在中國本部消失、《太公家教》的發現和千年後首次提出考證、《太公家教》最早命名的假設、王國維和錢大昕對《太公家教》之說、《太公家教》流傳到中國東北和韓國的臆測，一一予以探討。

《太公家教》為何會在中國本部消失？原來，《太公家教》是中唐第八世紀（750）到北宋初年第十一世紀（1000）間最盛行的一種童蒙讀本，通用於中國本部。但第十一世紀到第十七世紀中葉（1000～1650）期間，仍繼續不斷地被中國北部和東北的遼、金、高麗、滿洲各民族內說各種語言的兒童們所採用為教材。《太公家教》在當時流傳之廣，使用時間之長，竟沒有第二種童蒙讀本比得上。宋室南渡以後，從第十一世紀開始，懷疑此一童蒙讀本在中國本部因為有了《百家姓》和《三字經》的代替，相對流行程度即漸漸降低。往後通行的地理區域，就僅限於中國北部和東北部遼、金、高麗、滿洲，或許到南方去的士大夫們也就此將《太公家教》遺忘？

---

〔註130〕陳寅恪等著：《周叔弢先生六十生日紀念論文集》，龍門書店，1967年，2月，頁69。

　　第十一世紀到第十七世紀中葉（1000～1650），宋真宗到清世祖這段時期，中國歷經宋朝南移，元朝一統中原，明清交替等多次大動亂，或是戰亂緣故，使《太公家教》在中國本部之說漸漸消失，但又為何中國北部和東北的遼、金、高麗、滿洲各民族內，說各種語言之兒童卻又紛紛採用《太公家教》為教材？尤其是在蒙古人高壓鉗制統治漢族人之時，中國北部和東北之遼、金、高麗、滿洲各民族卻對《太公家教》更加重視與推廣，最後竟旁及日本、韓國，此事頗值得深思！

　　查《太公家教》的發現和首次考證，是在相隔一千年之後的二十世紀初，敦煌石室內藏之古寫本書被斯坦因和伯希和發現，《太公家教》亦因此又開始被人研究。1908 年三月，伯希和在敦煌藏經洞，盜選比較好之華文及其他語文經卷三千來種，直接送到巴黎，又繼續在敦煌附近做考古工作。1909 年秋天，伯希和攜帶幾十種古寫本和圖畫到北京，邀請當時中國士大夫羅振玉、董康（1867～1947）和王仁俊（1866～1913）等去看寶物，之後清廷政府才得知敦煌發現古寫本書消息。學部雖立即拍電報給蘭州制臺，迅疾派員赴敦煌查詢古物還遺留多少，咨部存案，但此時敦煌石室內藏之古寫本書其較好經卷版本，已被掃劫大半。

　　1909 年九月二十五日和十月二十五日，羅振玉在《東方雜誌》一連發表兩篇文章，記載和考證伯希和讓他們看的卷子和經已送往巴黎之重要書名。其中就載有《太公家教》。令人重視的是，王重民先生提出當時羅振玉雖未看見原書，但這是時隔一千年後《太公家教》再次被人提出來的第一次，羅振玉對《太公家教》之提出和研究，從此起了史無前例之前瞻性和重要性。

　　另 2009 年《首屆南京大學域外漢籍研究國際學術研討會論文集》內刊登了山崎誠先生的論文資料〈《太公家教》流傳考〉，該文再次提出對擁有四十二種寫本的敦煌本〈太公家教〉的成書時期，作出研究和討論，該論文其中有以下幾項特別重要的關鍵發現，特別值得關注。〔註 131〕

1. 山崎誠氏明確提出《太公家教》成書時間，內證（序文）以安史之亂（755～763）以後為上限，外證以李翱〈答朱載言書〉（811～841）中提及的內容為下限。

---

〔註 131〕山崎誠撰，張伯偉編：《風起雲揚／首屆南京大學域外漢籍研究國際學術研討會論文集》，北京：中華書局，2009.10，頁 559～571。

　　聯芳案：山崎誠氏對《太公家教》成書時間的假設，個人極之同意。我認為如此假設非常客觀，或許更應主觀考慮到任何書籍或文獻的成書到流行，皆需假以時日，經過時間、環境、社會風氣的醞釀或積累，才適時得以流行成事，李翱在〈答朱載言書〉中最早提到《太公家教》，故推論 P.4588 之壬申年應為唐德宗貞元八年（792）較為恰當。

2. 山崎誠氏為研究成書時間記述之事實，製成《太公家教》年表以作參考。

| | |
|---|---|
| 755～763 | 安史之亂 |
| 792（852）～（912） | 唐德宗貞元八年 P4588 題記〈壬申年十月十四，學士郎張盈信紀書〉。 |
| 811～841 | 李翱〈答朱載言書〉中，提及《太公家教》。 |
| 755（800）～883 | 《新集文詞九經抄》成立年代。 |
| 850 | 唐大中四年 P2825 題記「大中四年庚午正月十五日學生宋文顯讀，安文德寫」此為寫本題記所見確定年代最早者。 |
| 927 | 後唐明宗天成二年 P2418〈父母恩重經講經文〉題記「天成二年八月七日，一堂書」。 |
| 976 | 北宋太宗開寶九年 P3797 題記「維大宋開寶九年丙子歲三月十三日，寫子文書了」。 |
| 1007 | （日）源為憲〈世俗諺文〉寬弘四年成立。 |
| 1071～1128 | 北宋神宗熙寧四年至南宋高宗建炎二年《續傳燈錄》十二〈汝州香山法成禪寺示眾〉曰，「……恰似三家村裏教書郎，未念得一本太公家教，便道文章賽過李白杜甫。」 |
| | 《元史》藝文志小學類〈女真字太公書〉、《文淵閣書目》十八來字型大小第一廚〈女真字太公書〉。 |
| 1143 | （日）藤原賴長《台記》康治二年九月卅日條。 |
| 1241 | （日）大道一以《普門院経論章疏語錄儒書等目錄》。 |
| 1246 | （日）菅原為長歿《管蠡抄》成立。 |
| 1304～1305 | （日）金澤文庫長井貞秀書狀。 |

| | |
|---|---|
| 1393 | 明太祖洪武二十六年范立本撰《明心寶鑑》。 |
| 1454 | 《明心寶鑑》（清州本「景泰五年甲戌十一月初吉奉直郎清州儒學教授官庾得和謹」一四五四年）所引《太公家教》。 |
| 1470～1494 | 高麗成宗時代《經國大典》女真學《太公尚書》，《通文館志》申繼黯的項。 |
| 1485～1528 | 柳雲撰《進修楷範》朝鮮中宗十四年刊（1519）上卷。 |
| 1582 | 明神宗萬曆十年刊《殊域周咨錄》六：「（安南國）如儒書則有……《五經》、《四書》……《翰墨類聚》、《韓柳集》、《詩學大成》、……《太公家教》、《明心寶鑑》、《剪燈新餘話》」等書。 |
| 1592 | Beng Sim Po Cam o Espejo Rieo del Claro Corazon. (Primer libro chino treducio en lengua castellana por Fr.Juan Cobo, OP.Manila 1592， Carlos Sanz, ed.Madried, 1959). |
| 1645 | 清世祖順治二年《八旗通志》「阿什坦翻譯大學中庸孝經及通鑑總論太公家教等書刊行」。 |
| 1666 | （日）《童蒙抄》（內閣文庫本寬文六（一六六六）年）。 |
| 1676 | Tratados historicos, politicos ethicos y religiosos de la monarchia de china, por Domingo Fernandez de Navarrete（Madrid, 1676）。 |
| 1777 | 清乾隆四十二年朝鮮正宗時代李海觀撰長編小說《歧路燈》中「教子之法，莫教離父；教女之法，莫教離母」（《明心寶鑑》經由歟？林東錫《朝鮮譯學考》）。 |
| 1900 | （日）衣笠宗元《世諺叢談》。 |
| 1913 | 羅振玉《鳴沙石室遺書》景印。 |
| 1941 | 王重民《太公家教》載《周叔弢先生六十紀年論文集》。 |

3. 認為敦煌本諸本大概是在空間上流布極廣的文本群，屬於敦煌地域內的近親交配文本。

聯芳案：山崎誠氏對敦煌寫本《太公家教》提出了很另類的說法，他採用生物學演進的角度表述，《太公家教》與《千字文》等蒙書不同，其形式上的限制並不嚴格，屬於一種寬鬆韻文結構的自由文本，在敦煌寫本群文本內部很多為單獨句式，外部附加增補的《武王家教》，又另有吐魯番本、《新集文詞九經抄》和《明心寶鑑》、西夏語版本《經史雜抄》所引《太公家教》；再加上所有抄本的無名性關聯，但每一版本與敦煌本的文本又各有些許差異。再次我非常同意山崎誠氏所言其差異雖小，但其造成的實質卻絕對不小，非常值得在此差異上展開研究與探討。

# 第六節 《太公家教》對童蒙教學之當代意義

王國維和錢大昕對《太公家教》之看法，王國維以金人院本裡的《太公家教》當如院本裡面的《千字文》、《論語》、《道德經》之類普遍。而金代以前和以後的這類《千字文》或《太公家教》，更是摘取原文裡的成語作成的，在當時更是家傳戶誦的童蒙讀本，因此王國維認為《太公家教》在宋、元間尚存是成立的。故王氏說：

> 陶九成《輟耕錄》卷二十五所載金人院本名目，亦有《太公家教》，蓋衍此書為之。則此書至宋、元間尚存，特以淺陋鄙俚，故館閣與私家均未著錄。

只是，宋、元之間的戰亂影響，南方的童蒙書籍已被《百家姓》和《三字經》取代，但是《太公家教》卻因歷史的緣故，不但在中國北方通行，更被譯成了其他語言，流傳在中國東北，甚至日本、韓國了。

王重民又在沒有證據的情況下作了另一個猜測，認為這部女直字的《太公書》是從漢文譯成女直文，可能不是從契丹文轉譯來的。錢大昕（1728～1804）《元史藝文志》根據《文淵閣書目》著錄了女直字《太公書》，即高麗的《太公尚書》，也就是《太公家教》。錢大昕，字曉徵，一字及之，號辛楣，又號竹汀先生，晚稱潛研老人，江蘇嘉定人。一生博學多藝，尤精於歷史考據學，是我國清代乾嘉學派中與王鳴盛（1722～1797）、趙翼（1727～1814）齊名的三

大歷史考據學家。〔註132〕錢氏考證女真改為女直，乃避興宗諱也。〔註133〕這部女直字的《太公書》是從漢文譯成女直文，不是從契丹文轉譯而來。可以在《文淵閣書目》卷十八頁七下「來」字號第一廚發現有女直字《姜太公書》兩冊，女直本的譯本明初還在。金人在滅遼後的中國北方，仍不斷吸取中原文化以翻譯中國經書、史書和童蒙讀本來教育他們的國民。

　　第十一世紀到第十七世紀中葉（1000～1650），中國北部和東北的遼、金、高麗、滿洲各民族內說各種語言的兒童們紛紛採用《太公家教》為教材，〔註134〕王重民發現古昂（Maurice Courant）氏的《高麗書錄》（Bibliographie Coreenne）著錄了一部《太公尚書》（Le livre de Thai-kong），古昂氏說那曾經是一四六九年用來作為滿洲文的考試課本之一。一六八四年經申繼黜校訂過，但是王重民認為一四六九年滿洲人勢力還弱，應該還沒有滿洲文，所以當時應該是女直文本，一直等到滿洲人入侵採用滿洲文代替女直文。而高麗通文館用的《太公尚書》應該就是《文淵閣書目》所著錄的女直字《姜太公書》。

　　但滿洲文本《太公家教》就不知道是什麼時候譯成的了？王重民又以《八旗通志·阿什坦傳》曰：「阿什坦字海龍，順治二年以通滿漢文，選授內院六品他敕哈哈番，翻譯《大學》、《中庸》、《孝經》及《通鑑總論》、《太公家教》等書刊行之。」（但《太公家教》在此出現不是推翻王重民在前所述《太公家教》一千年沒出現過的誇張之語嗎？）明代沒有人稱引過漢本《太公家教》，也沒有人談到過《太公家教》。王重民猜測漢文本的《太公家教》在十六世紀真的已經亡佚，所以另一個假設是阿什坦根本應該不會見到漢文本《太公家教》。而《八旗通志》也沒有說明它是從什麼文字翻譯成滿文的。不過王重民說福克司（Walter Fuchs）十數年前曾在國會圖書館工作，恒慕義氏（Dr. Arthur W. Hummel）正主編《清代名人傳略（Eminent Chinese of the Ching Period）》，《阿什坦傳》就是由福克司起草的。而阿什坦翻譯《太公家教》，就是由漢文翻譯成滿文的。福克司在《滿洲文書錄》（Beitrage zur Mandjurischen Bibliographie und Literature）還是同樣的主張。

〔註132〕顧吉辰主編：《錢大昕研究》，楊緒敏，〈錢大昕的學術成就及史學思想〉，上海，華東理工大學出版社，1996年12月第一版，頁484。

〔註133〕顧吉辰主編：《錢大昕研究》，杜維運，〈錢大昕之史學〉，上海，華東理工大學出版社，1996年12月第一版，頁35。

〔註134〕陳寅恪等著：《周叔弢先生六十生日紀念論文集》，龍門書店，1967年，2月，頁69。

　　雖然王重民解釋由這些證據推想滿洲本的《太公家教》是從女直本譯來的，一六二〇年左右，滿洲人佔據東北，並且把武力伸張到高麗，故當時的高麗人為實用，通文館就用滿洲語代替了女直語科，而以前用以考試童蒙的女直文《太公家教》，也就用滿洲文代替了。

　　王重民還在《清史稿‧文苑傳》，說阿什坦譯《大學》、《中庸》在一六五二年，故阿什坦翻譯《太公家教》或在一六五二年以前。那就是一六二〇年前後《太公家教》已經有了滿洲文譯本，又以為阿什坦沒有看到漢文本《太公家教》的可能，那又如何翻譯《太公家教》？處處皆疑點。王重民認為阿什坦既是精通滿、漢文字的人，他又在內院做官，當時內院是管人事的，所以對於他自己國家的兒童教育當然注意。所以阿什坦翻譯漢文書時，便附帶著把老滿文的《太公家教》，又修正校訂成了當時通行的滿洲文。作傳的人沒注意，就說《太公家教》也是他翻譯的了。而阿什坦校訂以後的三十年來，高麗通用本也經申繼黯校訂，大概依著阿什坦的校訂本，又把高麗通用的舊譯本校訂了一次，用來作考試時的標準本了。

　　要搞清楚《太公家教》在中國東北和高麗如何的流傳，將先對阿什坦《八旗通志》、福克司、古昂氏、恒慕義氏等人的資料先做一番研究，了解其脈絡，再加以推演。但是以上文字表述，實可證明王重民之治學態度，雖資料有限仍大膽假設，再小心推證，以史證史。此時此地，看到王重民先生的認真治學態度真是無限惶恐，經反復研讀內心似看到一絲曙光，這或許就是治學研究之樂趣。

# 第五章　敦煌遺書《太公家教》各種
寫本之比勘與整理

　　清人王鳴盛（1722～1797）《十七史商榷》卷一「《史記》一〈史記集解分
八十卷〉」條有云：

　　　　目錄之學，學中第一緊要事；必從此問塗，方能得其門而入，
　　　然此事非苦學精究，質之良師，未易明也。自宋之晁公武（1105～
　　　1180），下迄明之焦弱侯（1540～1620）一輩人，皆學識未高，未足
　　　剖斷古書之真偽、是非、辨其本之佳惡，校其訛謬也。〔註1〕

陳垣《校勘學釋例》序亦述：

　　　　余以元本及諸本校補沈刻《元典章》，凡得謬誤一萬二千餘條，
　　　其間無心之誤半，有心之誤亦半……且沈刻之誤，不盡由於沈刻，
　　　其所據之本已如此……六百年來，此書傳本極少，四庫既以方言俗
　　　語故，擯而不錄，沈氏乃搜求遺逸，刊而傳之……今幸發見元本，
　　　利用此以為校勘學之資，可於此得一代語言特例，並古籍竄亂通弊，
　　　以較彭叔夏之《文苑英華》辯證，尚欲更進一層也。〔註2〕

吾師廣棪教授在其所撰博士論文《陳振孫之生平及其著述研究》中有案語補充
曰：

　　　　如王氏此條所言，治學問塗於目錄之學，誠第一緊要事，然非

---

〔註1〕清人王鳴盛：《十七史商榷》；臺北市：廣文書局，1980年。（據乾隆丁未1787
　　　年洞涇草堂課本影印）香港中央圖書館。
〔註2〕陳垣撰：《校勘學釋例》；北京市：中華書局，1959年12月第一版，頁一。

苦學精究，並質之良師，則未易明也。蓋學識未高，固未足剖斷古
書之真偽、是非，亦無能辨校版本之佳惡、訛謬。〔註3〕

聯芳案：誠如王、陳二氏和何師所言皆甚是。吾自省學識未深，竟妄以敦
煌遺書《太公家教》進行研究，縱經多方資料搜集，然敦煌遺書第一手材料時
經百年，又大多收藏國外，實甚難用殘缺資料剖判各寫本真偽、是非，更無法
辨校其版本佳惡、訛謬。惟經何師不斷鼓勵，方曉治學應迎難而上。感念何師
循循善誘，吾當謹遵師訓，以謹嚴而棜實之態度研治敦煌遺書《太公家教》，
亦步亦趨，追循前人步履，奮勇向前，以期有所建樹，不負師恩。

# 第一節　敦煌遺書《太公家教》不同寫本之校勘

《校勘學釋例》乃陳垣先生校勘《元典章》之重大成果，其文內分六大
部分：卷一、行款誤例；卷二、通常字句誤例；卷三、元代用字誤例；卷四、
元代用語誤例；卷五元代名物誤例；卷六、校例。惟卷下又分細目，全書共
分五十目。至於全書影響最為緊要是卷六之校例，提出有「校法四例」，即：
1. 對校法 2. 本校法 3. 他校法 4. 理校法。〔註4〕洪湛侯《中國文獻學要籍
解題》一文內，曾稱許《校勘學釋例》，曰：「以上四種方法是陳氏長期校勘
工作經驗和方法的歸納和總結，可以推廣為校勘的通例，現在已被公認為從
事校勘工作的正規方法，並常為各種有關著述所稱引。」〔註5〕故以下本章
節即採用和借鏡陳垣先生《校勘學釋例》，長期校勘工作的經驗和方法來剖析
《太公家教》。

剛開始研究和搜集《太公家教》資料，有感敦煌學既在國際興起為顯學，
卻不知香港可用比對研究敦煌遺書之資料極之有限，有關敦煌遺書《太公家
教》的很多資料都是後來到台灣和日本才能尋獲。針對所收敦煌版本，最早紀
錄乃以台灣周鳳五先生《敦煌寫本太公家教研究》之第一章第一節寫本敘錄所
言，茲謹藉其陳述，略發私見：

---

〔註3〕何廣棪著：《陳振孫之生平及其著述研究》；臺北縣永和市，花木蘭出版社，2009
　　　年，頁1～3。
〔註4〕陳垣撰：《校勘學釋例》；北京市：中華書局，1959年12月第一版，頁144～
　　　149。
〔註5〕洪湛侯著：《中國文獻學要籍解題》；杭州：杭州大學出版社，1997年11月，
　　　頁111～113。

　　　　敦煌寫本《太公家教》，《敦煌遺書總目索引》共著錄此書凡三
　　十五卷；另外，羅振玉《鳴沙石室佚書》有一卷；又《貞松堂藏西
　　陲秘籍叢殘》有兩個斷片，羅氏誤題為《開蒙要訓》。加上何彥昇與
　　唐蘭所藏兩個殘卷，以及北平圖書館「乃」字二十七號殘卷；總計
　　有四十一卷之多。以上是我目前所知見的寫本總數，由於見聞不廣，
　　想必還有遺漏的。〔註6〕

經查勘文本中所略敘卷子抄寫情形，周氏實際閱覽登錄僅三十五卷，其中已
包括羅振玉《鳴沙石室佚書》一卷、《貞松堂藏西陲秘籍叢殘》兩個被羅氏誤
題為《開蒙要訓》的斷片、再加上何彥昇與唐蘭所藏兩個殘卷及北平圖書館
「乃」字二十七號殘卷所列出三十五項，懷疑周氏因所述寫本乃殘卷為多，
完整者僅三兩卷，更由於寫本多出自學童之手，可供校勘之本子有限，故懷
疑周氏曰「總計有四十一卷之多」之計算，或與實際卷數有誤。另外，周氏
在此章節之第二段，又謂：

　　　　在四十一卷寫本之中，有兩卷應屬《武王家教》。（詳第二章第
　　一節）

另比對第二章第一節之寫本敘錄如下：

　　　　敦煌寫本《武王家教》，《敦煌遺書總目索引》僅著錄三卷，即
　　伯二六〇〇、伯四八九九及伯五五四六，實則寫本不止此數，蓋部分
　　卷子以《武王家教》接鈔《太公家教》而泯其兩種本子之痕跡，甚
　　且卷末僅題《太公家教》尾題，設非細心審閱，實不易察覺其為兩
　　本合鈔。茲就淺見所及，略述《武王家教》寫本概況於後，至其與
　　《太公家教》合鈔之伯二八二五、伯三七六四、伯二九八一等三卷，
　　已見第一章第一節，茲但舉其目，不再贅述，以避繁瑣。〔註7〕

藉上引文字，並引陳氏《校勘學釋例》卷一之「有目無書有書無目例」〔註8〕，
懷疑周氏之敘述或與事實略有出入，緣此三十五卷寫本中，有三卷乃屬《武王
家教》和《太公家教》合鈔，至於斯479卷，周氏亦應計算在內，方屬恰當。

---

〔註6〕周鳳五著：《敦煌寫本太公家教研究》；臺北：明文書局，民國75年5月初版
　　　　（1986），頁1～32。

〔註7〕周鳳五著：《敦煌寫本太公家教研究》；臺北：明文書局，民國75年5月初版
　　　　（1986），頁1～32。

〔註8〕陳垣撰：《校勘學釋例》；北京市：中華書局，1959年12月第一版，頁1。

　　另察周氏所述校勘資料，乃根據饒宗頤（1917～2018）《京都藤井氏有鄰館藏敦煌殘卷紀略》一文中，引日本藤井守一所得「何彥昇秋輦中丞藏敦煌石室唐人秘笈六十六種」目錄中的《太公家教》殘卷，可惜周氏誤言為「唯有目無書」；另周氏提及「以上是目前我所知見的寫本總數，由於見聞不廣，想必還有遺漏的。」此或為周氏謙辭，惟註釋中曾提其所指「戴密微一共用了四十二種卷子。入矢義高則用了十六卷，其中一卷藏於奈良，不知是否即何彥昇所藏散出者。」上述材料，惜無實物可供查證，僅依據以上所述，故懷疑周氏以猜測和假設作此推論，然所述又有出入，故其校勘寫本殘卷之數目，計算後出現差別之誤。

　　本論文第一章第三節亦曾提及〈本世紀日本學人對敦煌寫本《太公家教》之研究〉中，有 1960 年日學人入矢義高首撰〈《太公家教》校釋〉；1979 年松尾良樹的《音韻資料——〈太公家教〉》；後隔 22 年於 2001 年又有伊藤美重子撰《敦煌寫本〈太公家教〉的學校》；接著 2003～2005 黑田彰著《古代幼學書基礎的研究》；2006 年黑田彰撰〈音讀幼學——《太公家教》〉發表於《文學》隔月刊第七卷第 2 號；同年黑田氏又著〈《太公家教》攷〉刊於《日本敦煌學論叢》，並與趙超、陳齡合著《古代幼學書發展的研究》；該年亦有岡田美穗撰〈《太公家教》的諸本生成的流動〉；2009 年黑田彰撰，幼學會編《太公家教〉注解》；同年同月黑田彰再著《大谷文書〈太公家教〉——〈太公家教〉攷・補》；次年 2010 年三木雅博介紹《幼學會編著〈太公家教〉注解》；2010～2012 黑田彰著《古代幼學書綜合的研究》；2011 年黑田彰撰〈《太公家教》攷・補（二）〉；同年 11 月黑田彰更著《屏風、酒壺見幼學——〈太公家教〉特集》；2012 年 11 月黑田彰繼撰〈拔取敦煌文書——何彥昇、梟威之《太公家教》攷・補（三）〉等著作。

　　綜觀以上日本學人對《太公家教》的研究，若以版本目錄而論，千禧年後黑田彰先生著述有關敦煌遺書《太公家教》之研究可謂最深，資料最豐，尤其於《〈太公家教〉注解》一書後，提供完整英、法敦煌遺書之附件，發現黑田氏無懼於篇幅過大，而提供了大量有關敦煌遺書《太公家教》英、法、日珍貴完整寫本之影本以供參考，雖然書後影本因敦煌遺書材料之年代久遠，寫本破損而致影本或根本無法清晰辨識，然黑田氏《太公家教》之研究，提供了大量收藏在日本的敦煌遺書寶貴資料，同時在《〈太公家教〉注解》一書有關敦煌遺書做了深入校勘，其研究成果實令人咋舌和讚佩不已。經與何師商討，遂決

定將中、港、臺坊間不易見之完整英、法、日之敦煌遺書《太公家教》影本，日後將盡其可能複印並收編於本論文之附件，除作為本論文之研究基礎，更希望在此基礎上能將《太公家教》的研究發揚光大，此舉乃拋磚引玉，為日後有興趣研究《太公家教》的學者做試金石。（論文付印之時，惜因英、法、日之敦煌遺書《太公家教》影本篇幅過大，僅可於書後載錄其首頁而已。）英、法、日所收藏之敦煌遺書《太公家教》雖大多為殘卷或殘片，但在借助影本有圖有真相的情況下，該影本實可對本論文的校勘研究提供相對的發揮空間和價值。聯芳案：以上黑田彰氏《〈太公家教〉注解》書後所提供的寶貴資料，將坊間不易見之完整英、法、日之敦煌遺書《太公家教》影本展現無疑，此項收穫和發現，一如陳垣先生當初發現故宮內府所藏元刻本，和其他舊抄四種，取以互校，就是如此機緣，陳垣針對《元典章》，可校出誤文一萬二千多條，補闕一百零二頁，寫成《元典章校補》一書〔註9〕，此種校勘範例對我撰作《敦煌寫本〈太公家教〉之整體研究》，起了無比重要的影響。

　　鑒於坊間查找敦煌遺書《太公家教》寫本資料之有限和不易，搜尋歷來資料，僅發現周鳳五和黑田彰二人之著述，有提供引用敦煌遺書編號之相關文字，黑田彰所著述內容更清楚遡及《敦煌遺書》編號和所存句數，故決定參考其研究方式，先以表格形式根據黑田彰《太公家教注解》內的附件資料，將其排比按國家和編碼次序依次列出，同時配合已有之英、法、日敦煌遺書之編碼，提供文存句子編號和實際文存句數。再與周鳳五曾於附件提供敦煌遺書部分材料，兩相配對比勘，得其資料，作為印證本論文前述研究之核對與參考。

　　下表則為繼第四章第二節〈敦煌寫本《太公家教》寫本之卷數考證〉後再加以發揮，亦依循陳氏所謂之「他校法」，以他書校本書。〔註10〕按照下列作者的研究出版年份之發現次序依次整理，將其研究所據撰成敦煌遺書《太公家教》材料列一覽表，希望從此勘表，考見各學者專家研究成果之異同與正誤。如下表一：

1. 雷僑雲《敦煌兒童文學》，34卷說，1985年。
2. 周鳳五《敦煌寫本太公家教研究》，41卷說，1986年5月。

〔註9〕洪湛侯著：《中國文獻學要籍解題》；杭州：杭州大學出版社，1997年11月，頁111～113。
〔註10〕陳垣撰：《校勘學釋例》；北京市：中華書局，1959年12月第一版，頁146～147。

3. 朱鳳玉《太公家教研究》，40 卷說，1986 年 12 月。

4. 鄭阿財《敦煌蒙書析論》，41 卷說，1990 年。

5. 許玫芳《敦煌本〈太公家教〉卷數及思想初探》，43 卷說，1996 年。

6. 周愚文《敦煌寫本〈太公家教〉初探——校勘與分析》，34 卷說，1997年。

7. 黑田彰《太公家教注解》，48 卷說，2009 年。

8. 張新朋《敦煌寫本〈太公家教〉殘片拾遺》補，58 卷說。2010 年。

9. 余聯芳《敦煌寫本〈太公家教〉之整體研究》，67 卷說，2022 年。

表一

| 編號 | 敦煌寫本收藏國家 | 參考書後附錄編號 | 敦煌遺書《太公家教》 | 雷僑雲〔註11〕34卷說 1985年 | 周鳳五 41卷說 1986年 | 朱鳳玉 40卷說 1986年 | 鄭阿財 41卷說 1990年 | 許玫芳 43卷說 1996年 | 周愚文 34卷說 1997年 | 黑田彰 47卷說 2009年 | 張新朋 58卷說 2010年 | 余聯芳 67卷說 2022年 |
|---|---|---|---|---|---|---|---|---|---|---|---|---|
| 1 | 英藏 | 4 | 斯479 | V | | V | V | V | | V | V | V |
| 2 | | 5 | 斯1163 | V | V | V | V | V | V | V | V | V |
| 3 | | 6 | 斯1291 | V | V | V | V | V | V | V | V | V |
| 4 | | 7 | 斯1401 | V | V | V | V | V | V | V | V | V |
| 5 | | 8 | 斯3011 | | | | | | | V | | V |
| 6 | | 9 | 斯3835 | V | V | V | V | V | V | V | V | V |
| 7 | | 10 | 斯4901 | | V | V | V | V | V | V | V | V |
| 8 | | 11 | 斯4920 | V | V | V | V | V | V | V | V | V |
| 9 | | 12 | 斯5655 | V | V | V | V | V | V | V | V | V |
| 10 | | 13 | 斯5729 | V | V | V | V | V | V | V | V | V |
| 11 | | 14 | 斯5773 | V | V | V | V | V | V | V | V | V |

〔註11〕雷僑雲《敦煌兒童文學》，34 卷說，1985 年。周鳳五《敦煌寫本太公家教研究》，41 卷說，1986 年 5 月。朱鳳玉《太公家教研究》，40 卷說，1986 年 12 月。鄭阿財《敦煌蒙書析論》，41 卷說，1990 年。許玫芳《敦煌本〈太公家教〉卷數及思想初探》，43 卷說，1996 年。周愚文《敦煌寫本〈太公家教〉初探——校勘與分析》，34 卷說，1997 年。黑田彰《太公家教注解》，48 卷說，2009 年。張新朋撰：《敦煌寫本〈太公家教〉殘片拾遺》補 58 卷說。

| | | | | | | | | | | | |
|---|---|---|---|---|---|---|---|---|---|---|---|
| 12 | | 15 | 斯 6173 | V | V | V | V | V | V | V | V | V |
| 13 | | 16 | 斯 6183 | V | V | V | V | V | V | V | V | V |
| 14 | | 17 | 斯 6243 | V（12） | V（11） | V（13） | V（13） | V（13） | V（12） | V（14） | V | V |
| 15 | | | 斯 12563 | | | | | | | | V | V |
| 16 | | | 斯 13352 | | | | | | | | V（15） | V（16） |
| 17 | | 18 | 伯 2553 | V | V | V | V | V | V | V | V | V |
| 18 | | 19 | 伯 2564 | V | V | V | V | V | V | V | V | V |
| 19 | | 20 | 伯 2600 | V | V | V | V | V | | V | V | V |
| 20 | | 21 | 伯 2738 | V | V | V | V | V | V | V | V | V |
| 21 | | 22 | 伯 2774 | V | V | V | V | V | V | V | V | V |
| 22 | | 23 | 伯 2825 | V | V | V | V | V | V | V | V | V |
| 23 | | 24 | 伯 2937 | V | V | V | V | V | V | V | V | V |
| 24 | | 25 | 伯 2981 | V | V | V | V | V | V | V | V | V |
| 25 | | 26 | 伯 3069 | V | V | V | V | V | V | V | V | V |
| 26 | | 27 | 伯 3104 | V | V | V | V | V | V | V | V | V |
| 27 | | 28 | 伯 3248 | V | V | V | V | V | V | V | V | V |
| 28 | | 29 | 伯 3430 | V | V | V | V | V | V | V | V | V |
| 29 | 法藏 | 30 | 伯 3569 | V | V | V | V | V | V | V | V | V |
| 30 | | 33 | 伯 3599 | V | V | V | V | V | V | V | V | V |
| 31 | | 32 | 伯 3623 | V | V | V | V | V | V | V | V | V |
| 32 | | 33 | 伯 3764 | V | V | V | V | V | V | V | V | V |
| 33 | | 34 | 伯 3797 | V | V | V | V | V | V | V | V | V |
| 34 | | 35 | 伯 3894 | V | V | V | V | V | V | V | V | V |
| 35 | | | 伯 3962 | | | | | | | | V | V |
| 36 | | 36 | 伯 4085 | V | V | V | V | V | V | V | V | V |
| 37 | | 37 | 伯 4588 | V | V | V | V | V | V | V | V | V |
| 38 | | 38 | 伯 4880 | V | V | V | V | V | V（20） | V | V | V |
| 39 | | 39 | 伯 4995 | V（22） | V（22） | V（22） | V（22） | V（22） | | V | V（23） | V |
| 40 | | 40 | 伯 5031 | | | | | | | V（23） | | V（24） |

| | | | | | | | | | | | |
|---|---|---|---|---|---|---|---|---|---|---|---|
| 41 | 日藏 | 1 | 羅振玉氏舊藏本 | | | | | | V | | V |
| 42 | | 2 | 羅振玉氏舊藏本甲卷 | V | | | | | V | | V |
| 43 | | 3 | 羅振玉氏舊藏本乙卷 | V（2） | | | | | V | | V |
| 44 | | 41 | B11va（日藏）有鄰館 | | V | V | V | | V | V | V |
| 45 | | 42 | 寧樂本 | | V（2） | V | V | | V | V | V |
| 46 | | 43 | 大谷本3167 | | | | | | V | | V |
| 47 | | 44 | 大谷本3169 | | | | | | V | | V |
| 48 | | 45 | 大谷本3175 | | | | | | V | | V |
| 49 | | 46 | 大谷本3507 | | | V（3） | V（3） | | V | V（3） | V |
| 50 | | 48 | 大谷本4394 | | | | | | V（10） | | V（10） |
| 51 | 國藏 | | 鳴沙石室佚書 | V | V | | | | | V | V |
| 52 | | | 國立北平圖書館藏乃字第二十七號（北.011號？） | V | V | | | | | V | V |
| 53 | | | 貞松堂藏西陲祕籍叢殘卷1、殘卷2 | V V | V（3） | | | | | V | V |
| 54 | | | 何彥昇敦煌殘卷 | V | | | | | | V | V |
| 55 | | | 唐蘭敦煌殘卷 | V（6） | | | | | | V | V |

| | | | | | | | | | | V | V |
|---|---|---|---|---|---|---|---|---|---|---|---|
| 56 | | BD16191號 C | | | | | | | | V | V |
| 57 | | BD16196號 C | | | | | | | | V（7） | V（7） |
| 58 | | Дx3111 | | | | | | | | V | V |
| 59 | | 羅振玉藏本之一Дx03858 | | | | | | | | V | V |
| 60 | | Дx03863 | | | | | | | | V | V |
| 61 | | Дx03894 | | | | | | | | V | V |
| 62 | 俄藏 | Дx4251 | | | | | | | | V | V |
| 63 | | Дx04932 | | | | | | | | V | V |
| 64 | | Дx06141 | | | | | | | | V | V |
| 65 | | Дx12696 | | | | | | | | V | V |
| 66 | | Дx12827 | | | | | | | | V | V |
| 67 | | Дx19082 | | | | | | | | V（10） | V（10） |
| | | 合計 | 34 | 41 | 40 | 41 | 43 | 34 | 47 | 58 | 67 |

　　聯芳案：從上述資料得見，1986 年周鳳五先生撰作《敦煌寫本太公家教研究》，其師從國際知名目錄版本學家屈萬里先生（1907～1979）、又在著名敦煌學家左景權先生（1916～）和國際知名敦煌學家吳其昱先生（1915～2011）等數位名師指導下，周氏當時的著述和研究成果可謂創新並超越前人，令人振奮不已。除不括及日本收藏的敦煌遺書外，周氏所應用處理材料和結果，竟與 20 年後的日人黑田彰先生不遑多讓，謹此對周鳳五先生掌握資料之諳熟、見解精闢、方法踏實等……表示肅然起敬，油然佩服，於此同時亦對日本學者黑田彰研究團隊的成果深致敬意。本人內心深處實對敦煌寶藏的外劫痛心不已，並想大聲疾呼，敦煌在中國，敦煌學亦將在中國；倘若非日本學者在民初費盡心思，不遺餘力地對敦煌遺書散藏之蒐集，致令日本學者在近代敦煌學和《太公家教》上獲得出色的研究成果，對於日本學者專家們付出的努力和得到的研究成果，不得不讓人慨嘆和佩服。從上表可見我國人從雷僑雲、周鳳五後，還有朱鳳玉、鄭阿財、石冬梅（1945～）、張新朋等各位學者專家前仆後繼參與對敦煌遺書《太公家教》之研究，每位學者研究成果又都各有精到之處，其中值得關注和推崇備至的是有極大突破的張新朋氏，近年他從俄藏敦煌遺書的

「新發現」，已為敦煌學《太公家教》的研究注入新的刺激和動力，我綜合各家所得，使今日敦煌遺書《太公家教》可供研究與校勘之寫本已臻達 67 份之多，此「另一新發現」亦令人極之振奮與雀躍。

## 第二節　英、法、日、俄藏敦煌遺書《太公家教》內容之比勘

　　本所創辦人錢穆先生（1895～1990）一生闡釋和弘揚中國文化為己任，其治學宗旨和人生終極目標皆為關懷中國文化的去從，我選擇敦煌遺書《太公家教》整體研究做為博士論文，就是秉持和執行將錢穆先生的思想脈絡以治史的態度求真務實，並求發揚光大中華文化的光輝為使命。

　　蘇瑩輝《敦煌學概要》〔註12〕一文，曾提出過往敦煌學者研究寫本之著錄和題記時，不約而同地在纂輯以及校勘上都曾發生過誤失，文中例舉左景權1976 年 12 月發表於香港中文大學《中國文化研究所學報》第八卷第一期〈敦煌寫本斯二八九號二三事〉，左氏云：「敦煌卷子，固有不少文字難識，意義晦澀，研讀者雖冥思苦索，猶有未逮；而文理本無疑難者，究竟居多。……尤可深憾者，乃同一卷子，迭經多人徵引，而各有所蔽，言人人殊。」遂以倫敦藏斯二八九號（S289）為例證，由於其涉論範圍甚廣，但文中仍附論矢吹慶輝、翟爾斯（Giles）、劉銘恕、金岡照光等諸家得失，言辭懇切，亦中肯要，實值得本人今日校勘與整體研究敦煌寫本《太公家教》之借鏡與南針。

　　為避免重蹈蘇、左二位先生上述所謂覆轍，今日研究探討敦煌寫本《太公家教》各家癥結所在，雖明知本章第二節列舉四份敦煌遺書原文，字數甚多，或應聽從新亞研究所教務長建議將其移到全文之後或列為附錄，但此將失去我逐字察校每一份《太公家教》敦煌殘卷的原意，因為以上四份敦煌遺書：鳴沙石室佚書、斯 3835、伯 2564 和伯 3764，此 4 分遺書寫本乃從 67 份之中歸納得來的結果，更何況日人黑田彰教授《〈太公家教〉注解》一書乃集二十世紀以來眾日本學者專家之力才找出以伯 3764 為其底本，但我觀其研究成果仍有過猶不及之處，所以採納陳氏《校勘學釋例》卷六「校例」所述，「校法四例」之第一例「對校法」〔註13〕，此法亦為何師廣棪於二零一八年所授課《輯

〔註12〕蘇瑩輝著：《敦煌學概要》（臺北：1988 年 12 月出版），頁 277～282。
〔註13〕陳垣撰：《校勘學釋例》；北京市：中華書局，1959 年 12 月第一版，頁 144。

佚與校勘》指導提及，若我想找出最完整的敦煌遺書《太公家教》，因敦煌遺書稀而罕見，且大多殘缺不全，加上多為學童練習所作，如何從中找出最好也最接近真正《太公家教》的敦煌遺書版本，恰當地在論文中呈現才是本論文的研究目標和宗旨。更何況此過程絕非為應付學位論文要交付比對系統檢測「相同率」不超過20%原則可以比擬，不禁質疑是否自己應該為「學位系統比對原則」而犧牲學術研究求全、求真之精神和原則呢？與何師討論並認真考慮後，決仍採陳氏《校勘學釋例》之「對校法」：

> 即以同書之祖本或別本對讀，遇不同之處，則注於其旁。劉向《別錄》所謂「一人持本，一人讀書，若怨家相對者」，即此法也。
>
> 此法最簡單，最穩當，純屬機械法。其主旨在校異同，不校是非，故其短處在不負責任，雖祖本或別本有訛，亦照式錄之；而其長處則在不參己見，得此校本，可知祖本或別本之本來面目。故凡校一書，必須先用對校法，然後再用其他校法。
>
> 有非對校決不知其誤者，以其文義表面上無誤可疑也。〔註14〕

聯芳案：根據陳氏所述之「對校法」，吾先從67份敦煌遺書之中「互校」歸納得來最完整的結果，得此四份敦煌遺書：鳴沙石室佚書、斯3835、伯2564和伯3764。再將此4份遺書寫本逐字察校，列印如下，遇不同處，以黑色粗體字表示；此法亦同劉向《別錄》所謂「一人持本，一人讀書，若怨家相對者」；亦合陳氏所謂「故凡校一書，必須先用對校法，然後再用其他校法。」和「其主旨在校異同，不校是非，故其短處在不負責任，雖祖本或別本有訛，亦照式錄之；而其長處則在不參己見，得此校本，可知祖本或別本之本來面目。」〔註15〕更何況日人黑田彰教授《〈太公家教〉注解》一書之校勘乃集二十世紀以來，眾日本學者專家團隊之力才找出以伯3764為其底本，故此章節雖顯冗長，卻因「對校法」亦見吾校勘用力，可貴之處。

又有陳寅恪（1890～1969）與王國維（1877～1927）是中國近現代學術界兩位著名的歷史學家、考證學家。兩位大師都主張治史學的態度要嚴肅認真、實事求是。同時必須擴大史料範圍，廣泛收集資料，開拓視野，力求恢復歷史的真實面貌，引出新學問。當清末民初新發現的殷墟甲骨文字、殷周銅器銘文、敦煌及西域各地出土的簡牘和敦煌古文書等等新資料，王國維在其研究實踐

〔註14〕陳垣撰：《校勘學釋例》；北京市：中華書局，1959年12月第一版，頁144。
〔註15〕陳垣撰：《校勘學釋例》；北京市：中華書局，1959年12月第一版，頁144。

中創造了「二重證據法」。〔註16〕所謂「二重證據法」乃以舊史料解釋新發現的材料，又以新發現的材料印證舊史料。吾遂依其法，乃反覆比對英、法、日、俄和國藏敦煌遺書材料，從敦煌遺書《鳴沙石室佚書》、英藏斯 3835、法藏伯 2564 和伯 3764 等校勘過屬於較為完整資料，互證《太公家教》面貌，選出目前 67 件敦煌遺書中，較為完整的 4 份敦煌寫本文字打印排版，因為這些敦煌抄本多為學童練習之作，出現俗、假、錯、脫字及倒、漏句的情形，屢見不鮮，更因為時代久遠，從影印本中進行校勘充滿著非常大的困難。但是希望仍能按照王國維提倡「實事求是」的精神，以「事實」為依據，試圖將最為完整之敦煌遺書手寫本之文字，依序號排列、校勘、辨別，求出其異同，謹供讀者參考。

## 一、國藏：（請見附錄 1）

1. 鳴沙石室佚書影寫本全文如下：□表疑缺字，黑色粗體字表疑異同字，（　）表疑與原文有出入者。

余乃生逢亂代長值危時望鄉失土波迸流離只欲隱山居住不能忍凍受飢只欲楊
（　）後伐復無晏嬰之機才輕德薄不堪人師徒消人食浪費人衣隨緣信業且逐時之隨輙以討其墳典簡擇詩書依経傍史灼禮時宜為書一卷助劬童兒用傳於後幸願思之則経論上下易辯剬柔則詩分流儒雅禮樂興行信義咸著仁道立焉得人一牛還人一馬往而不來非成礼也知恩報恩風流儒雅有恩不報豈成人也敬同於父事君盡忠事父盡敬禮聞來學不聞往教捨父事師敬同於父慎其言語整其容皃善能行孝物貪惡事莫作詐巧直實在心物生欺誑孝心事父晨省暮看知飢知渴知暖知寒憂時共感樂時同歡父母有疾甘美不飡食無求飽居無求安聞樂求樂喜不看不脩身體不整衣冠得至疾瘉止亦不難弟子事師敬同於父習其道也（　）學其言語黃金白銀乍可相与好言善述□漫出口臣無境外之交弟子有束羞之好一日為師終日為父一日為君終日為主教子之法常令自慎言不可失行不可虧他離莫越他事莫知他貧莫嘆他病莫欺他財莫取他色莫侵他強莫觸他弱莫欺他弓莫挽他馬莫騎弓析馬死常他無疑財能害己必須畏之酒能敗身必須戒之色能致害必須遠之忿能積惡必須忍之心能造惡必須戒之口能招禍必須慎之見人善事必須讚之見人惡事必須奄之隣有災難必須救之見人鬥打即須諫之意欲去處即須審之見人不是即須教之非是時流即須避之羅網之鳥悔不高飛吞鉤之魚恨不忍飢人

---

〔註16〕張榮芳著：秦漢史論集（外三篇）；廣州：中山大學出版社，1995 年 11 月，頁 329～357。

生誤記恨不三思禍將及已恨不忍之其父出行子須從後路逢尊者齊腳斂手尊人
之前不得唾地尊人賜酒必須拜受尊者賜肉骨不與苟尊者賜菓懷核在手若也棄
之為礼大醜對客之前不得唾涕亦不漱口憶而莫忘終身無咎立身之本義讓為先
賤莫与交貴莫与親他奴莫語他婢莫与言商敗之家慎莫為婚市道接利莫与為隣
敬上愛下汎愛尊賢孤兒寡婦特可矜憐乃可無官不得失婚身須擇行口須擇言惡
人同會禍必及身養兒之法莫聽誑言育女之法不聽離母男年長大莫聽好酒女年
長大莫聽遊走丈夫好酒宜拳胯肘行不擇地言不擇口觸突尊卑鬭亂朋友女人遊
走逞其姿首男女雜合風聲大醜慚恥尊親損辱門戶婦人送客不出閨庭行其言語
下氣低聲出行逐伴隱影藏形門送前客莫出齊聽一行有失百行俱傾能於此禮無
事不精新婦事父音聲莫聽形影不親夫之婦兄不得對語孝養翁門家敬事夫主汎
愛尊賢教示男女行則緩步言必小語勸事女功莫學歌舞小為人子長為人（　）出
則斂容動則庠序敬慎口言終身無苦希見今時貧家養女不解麻布不閑針縷貪食
不作好喜遊走女年長大聘為人婦不敬君家不畏夫主大人使命說辛道苦夫罵一
言反應十矩損辱兄弟連累父母本不是人狀同豬狗含血損人先惡其口十言九中
不語者勝小為人子長為人父居必擇隣慕敬良友側立齊聽後待賓客侶無親疎來
者當受合食与食合酒与酒閉門不看還同豬狗拔貧作富事須方寸看客不貧古今
實語握髮吐飡先有常據閉門不看不如狗鼠高山之樹苦於風雨路邊之樹苦於刀
斧當道作舍苦於客侶不慎之家苦於官府牛羊不圈苦於狼虎禾熟不收苦於雀鼠
屋漏不覆苦於樑柱兵將不慎敗於軍旅人生不學費其言語近禾者赤近墨者黑蓬
生麻中不扶自直近佞者諂近偷者賊近愚者癡近聖者明近賢者德近淫者色貧人
多力勤耕之人必豐穀食勤學之人必居官職良田不耕損人功力養子不教費人衣
食與人共食慎莫先嘗與人同飲莫先杷觴行不當路坐不當背當路逢尊者側立其
傍有問善對必須審詳子從外來先須省堂未見尊者莫入私房若得飲食慎莫先嘗
饗其祖宗始到耶娘次霑兄弟後及兒郎食必先讓勞必先當知過必改得能莫忘與
人相識先政容儀稱名道字然後相知陪年已長則父事之十年已上則兄事之五年
已外則肩隨之三人同行必有我師焉釋其善者而從之其不善者而蓋之滯不釋職
貧不擇妻飢不擇食寒不擇衣小人為財相煞君子以得相知欲求其長必取其短欲
求其圓先取其方欲求其強先取其弱欲求其剛先取其柔欲防外敵先須自防欲楊
人惡便是自楊傷人之語還是自傷凡人不可皃相海水不可斗量茅茨之家必出公
王蒿艾之下必有蘭芳助祭得食助鬭得傷人慈者受胃暴者亡清清之事為酒所傷

聯芳案：

　　此篇《鳴沙石室佚書》影寫本，疑為日藏《羅振玉氏舊藏本》之影印本。全文開始缺「余乃生逢亂」五字，尾段則缺（跋）文：「余知志也五帝為家四海為択不驕身意不樂榮華食不重味衣不純麻唯貪此書一卷不用黃金千車集之數韻未辨玭瑕本不呈於君子意欲教於童兒。」此片可謂較為完整，除無紀錄跋文外，全篇共計約 2498 字。包括跋文疑□闕文 3；疑（　）出入文句有 10；異同字約 377 字；故此篇《鳴沙石室佚書》影寫本存文，正確率約佔《太公家教》原文 84.9%。

## 二、英藏：（請見附錄 9）

1. 英藏敦煌遺書《太公家教》斯 3835 全文如下：□表疑缺字，黑色粗體字表疑異同字，（　）表疑與原文有出入者。

| 前闕　　約 216 字 | 行欺虛巧孝子事父晨省暮参飢知知渴□則同歡父

母有疾甘美不飱食無求飽飢無求安聞樂不樂聞戲不看不羞身體不整衣冠父母疾愈正亦不難弟子事師敬同於父習其道術學其言語黃金白銀乍可相与好言好述莫**滿**出口臣無境外之**教**弟子有束脩之好一日為君終日為主一日為師終日為父教子之法常令自慎□勿得隨宜言不可失行不可虧他離莫驀他事莫知他貧莫笑他病莫欺他財莫願他色莫思他強莫觸他弱莫欺他弓莫挽他馬莫騎弓折馬死償他無疑財能害己必須遠之酒能敗身必須誡之色能致害須必棄之忿能積惡必須忍之心能造惡必須裁之口能招禍必須慎之見人善事必須讚之見人惡事必須掩之見人不是必須語之鄰有災難即須救之見人鬥打必須諫之見人好事必須歎之好言好述必須學之意欲去處必須審之不如意者必須教之非是時流必須棄之惡人欲染必須避之羅網之鳥悔不高飛吞鉤之魚恨不飢人生吳記恨不三思禍將及己悔不慎之其父出行子須從後路逢尊□者齊腳斂手尊者賜酒即須拜受尊者賜肉骨不與狗尊者賜菓懷核在手勿得去之違禮大醜對客之前不得叱狗對食之前亦不得嗽口憶而慎之終身無苦立身之本義讓為先賤莫與交貴莫與親他奴莫與語他婢莫與言商販之家莫与為婚市道接利莫与為鄰敬上愛下汎愛尊賢孤兒寡婦特可矜怜乃可無官不得失婚身須擇行口須擇言共惡人同會禍必及身養男之法莫聽強言育女之法莫聽離母男年長大莫聽好酒女年長大莫聽遊走丈夫飲酒椹撐持肘行不擇地言不擇口觸突尊賢鬥亂朋友女人遊走程其資首男女雜合

風聲大醜慙恥宗親損辱門戶婦人送客莫出齊廳一行有失百行俱傾能於此禮無
事不精新婦事君同於事父音聲莫交形影不覿夫之婦兄不得對語孝養翁婆敬事
夫主汎愛尊賢教示男女行則緩步言必細語勤事女工莫學謌舞小為人子長為人
母出則斂容動則祥序敬慎口言終身無苦希見金時貧家養女不解絲麻不閑針縷
貪食不作好戲遊走女年長大聘為人婦不敬君家不委夫主大人所命說辛道苦夫
馬一言返應十口損辱弟兄連累父母本不是人狀同豬狗（　）十語九種不語者勝
小為人子長為人父居必擇鄰暮敬良友側立廳傍候時賓客侶無親疎來者當受合
食与食合酒与酒閉門不看不如豬狗拔貧作富事須方寸看客不貧古今實語惡發
吐飱先有嘗處閉門不看不而豬豕高山之樹苦於風雨路傍之樹苦於刀斧當道作
舍苦於客施不慎之家苦於官府牛羊不圈苦於狼虎禾熟不收苦於雀鼠屋漏不覆
壞其梁柱兵將不慎敗於軍旅人生不學費其言語近朱者赤近墨者黑蓬生麻中不
扶自直白玉投渥不污其色近佞者諂近偷者賊近遇者癡近聖者明近賢者德（　）
貧人多頼富人懇力勤耕之人必豐穀食勤學之人必居官職良田不耕損人功力養
子不教費人衣食与人共食慎莫先嘗与人同飲莫先把嘗行不當路坐不皆堂路逢
尊者側立道旁有語即必須審詳子從外來先須就常未見尊者莫入私房若得飲食
慎莫先嘗饗其宗祖始到耶孃次霑兄弟後及兒郎食必先讓醪必自當知過必改得
能莫忘与人相識光整容儀稱名道姓然後相知位年已長則父事之十年已長則兄
事之五年已長則肩隨之三人同行必有我師焉擇其善者如從之其不善者如改滯
不擇職貧不擇妻飢不擇食寒不擇衣小人為財相煞君子與得義相知欲求其短先
取其長欲求其圓先取其方欲求其強先取其弱欲求其剛先取其桑欲方外敵先須
內防欲揚人惡還是自楊傷人之語還是自傷凡人不可貌相海水不可斗量茅茨之
家或出公王蒿艾之下或出蘭香助祭得食助鬪得傷人慈者壽凶暴者亡清清之水
為土所傷齊齊之人為酒所疾聞人善事乍可稱楊知人有過密掩深藏是故忘談彼
矩靡恃己長鷹鶞雖迅不能決於風雨日月雖明不照覆盆之下唐虞雖聖（　）不能
揀其暗君比干雖惠不能自免其身蛟龍能雖聖不能煞岸上之人刀劍雖利不斬無
罪之人羅網雖細不能執無事之人非宊橫禍不入慎家之門人無遠慮必有近憂斜
徑敗於良田讒言敗於善人君子與含弘為大海水以博納為深寬則德眾懇則有功
以法治人人則得安國信讒言必煞忠臣治家信讒（　）必敗（　）兄弟信讒別人異
居夫妻信讒男女生分朋友信讒必至死怨天雨五穀荊棘蒙恩抱薪救火火必成烟
揚湯鼓沸不而去薪千人排門不而一人潑關一人潑命萬夫莫當貪心害己利口傷

身瓜田不整履梨下不整冠聖君雖渴不飲道泉之水暴風疾雨不入寡婦之門孝子
不消情依父忠臣隱情依君法不家於君子禮不下於小人軍濁則用武君清則用文
多言不益其體百行不妨其身明君不愛耶佞之語慈父不愛不孝之子道之以德齊
之與禮小人負重不擇地而息君子困窮小人窮斯覽矣屈厄之人不羞執鞭之仕飢
寒在身不羞乞食之恥貧不可欺富不可恃陰陽相催周而復始太公未達釣魚於水
相而未達賣藥於市巢父居山路連海水孔明盤桓候時而去鶴鳴九皋聲徹於天電
裏煞火火必成煙家中有惡外必聞身有得行人自稱傳惡不可作善不可免人能弘
道非道弘人孟母三思為子擇鄰不患人之不己之患己不之人也己欲立先立人己
欲達先達人立身行道始於事親孝無終始不離其身修身慎行恐辱先人己所不欲
勿施於人近鮑者嗅近蘭者香近愚者痴近志者良明朱不瑩焉發其光人生不學語
不成章小兒學者如日出之光長兒學者如日中之光老兒學者如日暮之光人生不
學冥冥如夜行柔必勝剛弱必勝強齒剛則折舌柔則長凶必橫死欺敵者亡女暮貞
潔男効才良行善獲福行惡得殃行來不遠所見不長學問廣智惠不長欲求其君視
其所事欲親其父先觀其子欲知其父視其父理欲知其人視其奴婢君子困窮不擇
官而仕病則有藥醉則無憂飲人強藥不得責人無禮君子避其醉客聖人恐其酒事
智者不見人之過少人好管人之事兵將之家必出勇夫學問之家必出君子人相知
於道術魚相望於江湖女無明鏡不知面上之精麁人無良友不知行之虧盈是以結
交朋友寄死就孤意重則密情薄則師榮則同榮辱則同辱難則相救危則於扶慇是
無價之寶學是明月神朱積財千萬不如明解經書良田万傾不如薄藝隨軀慎是龍
宮海藏忍是護身之符（　）香餌之下必有懸鈎之魚重償之下必有勇夫有功者償
欠過者可誅不念無功之子只愛有力之奴養男不教不如養奴養女不教不如養豬
痴人畏婦賢女敬夫孝是百行之本故云其大者乎余之志也四海為宅五常為家不
思恩愛不樂榮華食不重味衣不純麻為貪此書一卷不用黃金千車集之數韻未辨
雌瑕本不呈於君子意欲教於童兒了也　　太公家教一卷

聯芳案：英藏敦煌遺書《太公家教》斯3835，缺前文，從「闕行欺虛巧」始，
至「太公家教一卷」終，共計約 2356 字。另闕文疑四；出入文句疑六；異同
字約 194 字；故此篇英藏敦煌遺書《太公家教》斯3835 存文，若以《鳴沙石
室佚書》影寫本作基數相比和對校，斯3835 全文可謂佔 94.3%；其錯誤率約
佔原文斯3835 的 91.8%，若不計篇首之闕文，此篇流暢和準確度似較《鳴沙
石室佚書》影寫本 84.9%為高。

### 三、法藏：（請見附錄 19、附錄 33）

1. 法藏敦煌遺書伯二五六四全文如下：▨表疑缺字，黑色粗體字表疑異同字，
（　）表疑與原文有出入者。

余乃生逢亂代長值危時忘鄉失土波迸流餘只欲隱山學道不能忍凍受飢只欲楊名
於後代復無晏嬰之機才輕得薄不堪人師徒消人食浪費人衣隨緣信業且逐随時之
宜輙以討論墳典諫擇詩書於經傍史約禮時宜為書一卷助幼童兒流傳萬代幸願思
之經論曲直書論上下得人一牛易**別**剉柔風流儒雅禮上往來尊卑高下得人一牛還
人一馬往而不來非成**礼**也來而不往亦非**礼**也知恩報恩風流儒雅有恩不報豈成人
也事君盡忠事父盡孝**礼聞**來學不聞往教捨父事師必聞功效先慎口言卻整容**兒**善
事須貪惡事莫樂直實在心勿行虛**教**孝子事父晨醒暮參知飢知渴知暖知寒憂則共
戚樂則同歡父母有疾甘美不**飡**食無求飽飢無求安聞樂不樂聞喜不看不羞身體不
整衣冠父母疾愈整亦不難弟子事師敬同於父**習**其道術學其言語黃金白銀乍可相
与好言善術莫滿出口臣無境外之交弟子有束脩之好**曲**禮曰一日為君終日為主一
日為師終日為父教子之法常令自慎勿得**随**宜言不可失行不可**虧**他離莫**驀**▨他戶
莫窺他嫌莫道他事莫知他貧莫笑他病莫欺他財莫願他色莫知他強莫觸他弱莫欺
他弓莫**挽**他馬莫騎弓**析**馬死賞他無疑財能害己必須遠之酒能敗身必須**誡**之色能
致**亂**必須**棄**之忿能積惡必須忍之心能造惡必須裁之口能招禍必須慎之（　）見人
惡事必須**掩**之隣有災難即須救之見人鬪打必須諫之見人不是必須語之好言術必
須學之（　）非是時流必須必須避之羅網之鳥悔不高飛吞鉤之魚恨不忍飢人生**誤**
記恨不三思禍將及己悔不慎之其父出行子須從後路逢尊者齊腳斂手尊者賜酒則
須**拜**受尊者賜肉骨不與狗尊者賜菓懷核在手勿將棄之違禮大醜對客之前不得叱
狗對**食**之前亦不得**漱**口憶而莫忘終身無咎立身之本義讓為先賤莫与交貴莫与親
他奴莫与語他婢莫与言生分之家莫而為婚市道接利莫與為鄰敬上愛下汎愛尊賢
孤兒寡婦特可矜憐乃可無官不得失婚身須擇行口須擇言共惡人同會禍必及身養
子之法莫聽誑語育女之法莫聽離母男年長大莫聽好酒女年長大莫交遊走丈夫好
酒揎撐捋肘行不擇地言不擇口觸突尊卑鬪**乱**朋友女人遊走逞其姿首男女合**雜**
風聲大醜污染宗親損辱門戶婦人送客不出閨庭所有言語下氣低聲出行逐伴隱影
藏形門前有客莫出齊聽一行有失百行俱傾能依此禮無事不精新婦事夫敬同於父
音聲不消形影不**覩**夫之父兄不得對語孝順翁家敬事夫主親愛尊賢教示男女行則
緩步言必細語勤事女功莫學**謌**舞小作人妻長為人母出則斂容動則庠序敬慎口言
終身無苦希見今時貧家養女不解絲麻不閑針縷貪食不作好戲遊走女年長大娉為

人婦不敬翁家不畏夫主大人使命說辛道苦夫罵一言反應十句損辱兄弟連累父母
本不是人狀同豬狗含血喺人先污其口夫人不言言必有忠十語九眾不語者勝小你
人子長為人父居必擇隣慕近良友側立聽堂候待官侶無親疎客無親疎來者當受
合食与食合酒与酒閉門不看還同豬狗拔貧作富事須方寸看客不貧古今實語握髮
吐飧先有嘗處閉門不看不如豬鼠高山之樹苦於風雨路邊之樹苦於刀斧當道作舍
苦於客侶不慎之家苦於官府牛羊不圈苦於狼虎禾熟不收苦於雀鼠屋漏不覆壞其
梁柱兵將不慎敗於軍旅人生不學費其言語近珠者赤近墨者黑蓬生麻中不扶自直
白玉投渥不污其色近佞者諂近偷者賊近癡者愚近智者良近淫者色貧人由嬾富人
懃力勤耕之人必豐穀食近學之人（　）居官職良田不耕損人功力養子不教費人衣
食与人共食慎莫先嘗與人同飲莫先執嘗行不當路坐不背堂路逢尊者側立道傍有
問善對語必須審常子從外來先須就堂未見尊者莫入私房若得飲食慎莫先嘗饗其
宗祖始到耶娘次霑兄弟後及兒郎食必先讓勞必自當知過必改得能莫忘与人相識
先正容儀稱名道字然後相知陪年已長則父事之十年已長則兄事之五年已長則堅
隨之群居五人長者必危三（　）同行必有我師焉擇其善者而從之其不善者而改之
滯不擇職貧不擇妻飢不擇食寒不擇衣小人為財相煞君子與德義相知欲求其矩先
取其長欲求其圓先取其方欲求其強先取其弱欲求其剛先取其柔欲防外敵先須自
防□欲量他人先須自量揚人之惡還是自楊傷人之語還是自傷凡人不可皃相海水
不可斗量茅茨之家必出公王蒿艾之下或出蘭香助祭得食助鬭得傷仁慈者壽凶暴
者亡清清之水為土所傷濟之人為酒所傷聞人善事乍可稱楊知人有過密掩深藏是
故忘談彼矩靡恃己長鷹鷂雖迅不能快於風雨日月雖明不照覆盆之（　）唐虞雖聖
不能諫其闇君比干雖惠不免禍及其身蛟龍雖□不能煞岸上之人刀劍雖利不斬無
罪之人羅網雖細不能執無事之人非灾橫禍不入慎家之門人無遠慮必有近憂斜徑
敗於良田讒言敗於善人君子與含弘為大海水以博納為深寬則得眾慇則有功以法
治人人則得安家信讒言必煞忠臣治家信讒（　）男女生分朋友信讒必至死天雨五
穀荊棘蒙恩杞薪炎火火必盛炎陽湯上沸不如棄薪千人排門不如一人拔關一人守
隘萬夫莫當貪心害己利口傷身瓜田不整履梨下不整冠聖君須渴不飲盜泉之水暴
風疾君濁則用武君清則用文多言不益其禮百伎不防其身明君不愛邪佞之臣慈父
不愛不孝之子道之以德齊之與礼小人負重不擇地而息君子困窮不擇官而事（　）
屈厄之人不羞執鞭之事飢寒在身不羞乞食之恥貧不可欺富不可恃陰陽相催周而
復始太公未達遇鉤魚於水相如未遇賣卜於市巢父居山魯連覆海孔鳴盤桓後時而
起鶴鳴鳩臯聲聞於天電裏燃火烟氣成雲家中有惡人必知聞身有德行人必稱傳惡

不可作善不可觀人能弘道非道弘人孟母三思為子擇隣不患人之不己之患己不知
人也欲立其身先立於人己欲達先先達於人立身行道始於事親孝無終始不離其身
修身慎行恐辱先人己所不欲勿施於人近鮑者臭近蘭者香近愚者暗近智者良近賢
者德明珠不螢焉發其光人生不學語不成章小兒學者如日出之光長而學者如日中
之光老兒學者如日暮之光人生不學冥冥如夜行柔必勝剛弱必勝強齒剛則折兮柔
則長□凶必橫死欺敵者亡女暮貞潔男効才良行善獲福行惡得殃行來不遠所見不
長學問不廣智惠不長欲之其君視其所俠使欲之其父先視其子欲知其木視其文里
欲知其人視其奴婢君子困窮小人窮斯濫矣病則無藥醉則無憂飲人強藥不得責人
無禮君子避其醉客聖人恐其醉士智者不見人知過愚夫好見人之恥女無明鏡不知
面上之精麁人無良友不知行處虧失兵將之家必有勇夫博學之家必出君子人相之
於道逑魚相望於江湖是以結交朋友須擇良賢寄死託孤意重則蜜情薄則疎榮則同
榮辱則（　）危則相扶難則相救勤是無價之寶學仕明月神珠積財千萬不如明解經
書良田千傾不如薄藝隨軀勤事龍宮海慎事護身之符香餌之下必有懸魚重賞之下
必有勇夫有功者償有過者追（　）不念無力之子只愛有力之奴養男不教不如養奴
養女不教不如養豬痴人畏婦賢女敬夫孝是百行之本故云其大者乎（跋）余知志
也五帝為家四海為宅不驕身意不樂榮華食不重味衣不純麻唯貪此書一卷不用黃
金千車集之數韻未辨玭瑕本不情於君子意欲教於童兒太公家教一卷

聯芳案：此篇法藏伯 2564 除篇尾有缺外，與斯 3835 和《鳴沙石室佚書》影寫
本三篇相比較，伯 2564 可謂較為完整。篇首另有〈晏子賦〉一首和〈翻誚新
婦文〉一篇，全文從〈太公家教壹卷〉開始，尾篇亦有紀錄跋文，只可惜篇尾
有所殘缺，但無損文意。全篇計約 2573 字。包括跋文疑□闕文有 8；疑（　）
出入文句有 9；異同字約 400 字；故此篇存文之正確率約佔《太公家教》原文
84.5%。

2. 法藏敦煌遺書《太公家教》伯三七六四全文如下：□表疑缺字，黑色粗體
　　字表疑異同字，（　）表疑與原文有出入者。

余乃生逢亂代長值危時望鄉失土波迸流餘只欲隱山學道不能忍凍受飢只欲楊
名於後代復無晏嬰之機才輕得薄不堪人師徒消人食浪費人衣隨緣信業且逐隨
時之宜輒以討論墳典簡擇詩書於經傍史約礼時宜為書一卷助幼童兒流傳萬代
幸願思之經論曲直書論上下得人一牛易辯剛柔分流儒雅禮上往來尊卑高下得
人一牛還人一馬往而不來非成禮也來而不往亦非禮也知恩報恩風流儒雅有恩
不報豈成人也事君盡忠事父盡孝礼聞來學不聞往教捨父事師必望功效□慎口

言卻整容皃善事須貪惡事莫樂直實在心勿行虛巧孝子事父晨醒暮參知飢知渴
知暖知寒憂則共戚樂則同歡父母有疾甘美不飡食無求飽君無求安聞樂不樂聞
戲不看不羞身體不整衣冠父母疾愈整亦不難弟子事師敬同於父習其道術學其
言語有疑則問有教則受鳳凰愛其毛羽賢士惜其言語黃金白銀乍可相与好言善
術莫漫出口臣無境外之交弟子有束脩之好曲禮曰一日為君終日為主一日為師
終日為父教子之法常令自慎言不可失行不可虧他離莫越他事莫知他貧莫笑他
病莫欺他慊莫道他戶莫規他財莫願他色莫思他強莫觸他弱莫欺他弓莫挽他馬
莫騎弓折馬死賞他無疑財能害己必須遠之酒能敗身必須戒之色能致害必須去
之忿能積惡必須思之心能造惡必須裁之口能招禍必須慎之見人善事必須讚之
見人惡事必須掩之隣有灾難即須救之見人鬪打必須諫之見人不是必須語之好
言善述必須學之意欲去處必須審之不如己者必須教之非是時流惡人欲染必須
避之羅網之鳥悔之不高飛吞鉤之魚恨不忍飢人生悞記恨不三思禍將及己悔不
慎之父其出行子須從後路逢尊者齊腳斂手尊者賜酒即須拜受尊者賜肉骨不與
狗尊者賜菓懷核在手勿即棄之為礼大醜對客之前不得叱苟亦不得嗽口憶而莫
忘終身無咎立身之本義讓為先賤莫与交貴莫与親他奴莫与語他婢莫与言商販
之家慎莫為婚市道接利莫與為隣敬上愛下汎愛尊賢孤兒寡婦特可矜怜乃可無
官不得失婚身須擇行口須擇言共惡人同會禍必及身養皃之法莫聽誆言育女之
法莫聽離母男年長大莫聽好酒女年長大莫聽遊走丈夫飲酒揎撌捋肘行不擇地
言不擇口觸突尊賢鬪乱朋友女人遊走逞其姿首男女雜合風聲大醜慙恥宗親損
辱門戶婦人送客莫出閨庭所有言語下氣低聲出行逐伴隱影藏形門前有客莫出
齊聽一行有失百行俱傾能依此礼無事不精新婦事君同於事父音聲莫聽形影不
覩夫之父兄不德對語孝養翁家敬事夫主汎愛尊賢教示男女行則緩步言必少語
懃事女功莫學歌舞小為人子長為人父出則斂容動則庠序敬慎口言終身無苦希
見今時貧家養女不解絲麻不閑針縷貪食不作好喜遊走女年長大聘為人婦不敬
君家不畏夫主大人使命說辛道苦夫罵一言反應十句損辱兄弟連累父母本不是
人狀同豬狗含血噀人先污其口言十九眾不語者勝小為人子長為人父居必擇隣
暮近良友側立齊聽候待賓客侶無親疎來者當受合食与食合酒与酒閉門不看還
同豬狗拔貧作富事須方寸看不貧古今實語握髮吐飡先有嘗處閉門不看不如豬
鼠高山之樹苦於風雨路傍之樹苦於刀斧當道作舍苦於客侶不慎之家苦於官府
牛羊不圈苦於狼虎禾熟不收苦於雀鼠屋漏不覆壞其梁柱兵將不慎敗於軍旅人
生不學費其言語近珠者赤近墨者黑蓬生麻中不扶自直近佞者諂近偷者賊近愚

者癡近聖者明近賢者德近淫者色貧人多力賴富人多力勤耕之人必豐穀食勤學
之人必居官職良田不耕損人功力養子不教費人衣食与人共食慎莫先嘗與人同
飲莫先把觴行不當路坐不背堂路逢尊者側立道傍有問善對必須審詳子從外來
先須就堂未見尊者莫入私房若得飲食慎莫先嘗饗其宗祖始到耶娘次霑兄弟後
及兒郎食必先讓勞必自當知過必改德能莫忘与人相識先政容儀稱名道字然後
相之倍年已長則父事之十年已上則兄事之五年而外則肩隨之三人同行必有我
師焉擇其善者如從之其不善者如改之滯不擇職貧不擇妻飢不擇食寒不擇衣小
人為財相君子與得義相之欲求其矩先取其長欲求其圓先取其方欲求其強先取
其弱欲求其剛先取其柔欲防外敵先須自防欲揚人惡先須自楊傷人之語還是自
傷凡人不可皃相海水不可斗量茅茨之家必出公王蒿艾之下必有蘭香助祭得食
助鬥得傷仁慈者授壽智暴者亡清清之水為酒所傷聞人善事乍可稱陽知人有過
密掩深藏是故忘談彼矩靡恃己長鷹鷂雖迅不能快於風雨日月雖明不照覆盆之
下唐虞雖聖不能諫其暗君比干雖惠不能自免其身蛟龍雖聖不能煞岸上之人刀
劍雖利不能煞清潔之人羅網雖細不能執無事之人非災橫火不入慎家之門人無
遠慮必有近憂斜徑敗於良田讒言敗於善人君子與含弘為大海水与博納為深寬
則得眾慇則有功以法治人人則得安國信讒言必煞忠臣治家信讒家必敗亡兄弟
信讒必見以居夫妻信讒男女生分朋友信讒必至死怨天雨五穀荊棘蒙恩抱薪救
火火必盛炎楊湯至沸不而棄薪千人栱門不如一人拔關一人潘命萬夫莫當貪心
害己治口傷身瓜田不整利利下不整冠聖君雖渴不飲盜泉之水暴風疾雨不入寡
婦之門孝子不隱情於父忠臣不隱情於君法家於君子禮不下於小人君清則用文
君濁則勇矣多言不改其體百行不方其身明君不愛邪佞之臣慈父不愛不孝之子
道之以德情之与禮小人負重不擇地而息君子困窮小人窮斯濫矣屈厄之人不羞
執鞭之事飢寒在身不羞乞食之恥貧不可欺富不可恃陰陽相催終而復始太公未
遇釣魚於水相如未達賣卜於市巢婦居山魯年連起海孔名鳴盤桓候時而起鶴鳴
九皋聲聞於天電裏燃火煙氣成雲家中有惡人必知聞身有德行人必稱傳孟母三
思為子擇隣己所不欲患己不知人也欲立其身先達他人己欲求達先達於人立身
行道始於事親孝無終始不離其身修身慎行恐辱先人己所不欲勿施於人近鮑者
嗅近蘭者香近愚者闇近智者良明珠不螢焉發其光人生不學語不成章小兒學者
如日出之光長兒學者如日中之光老兒學者如日暮之光人而不學冥冥如夜行柔
必勝光弱必勝強齒剛則折折柔則長女暮貞潔男劾才良行善獲福行惡德殃行來不
遠所見不長學問不廣智惠不長欲之其君視其所使欲之其父先視其子欲作其木視

其文理欲知其人視其奴婢君子困窮不擇官而士病則有藥醉則無憂飲人強藥不得
責人無禮聖人避其醉客君子恐其醉士智者不見人知過愚夫好見人知恥兵將之家
必出勇夫學問之家必出君子人相知於道述魚相望於江湖女無明鏡不知面上之精
麄人無良友不知行之虧失是以結交朋友須擇良賢寄死託孤意重則密情薄則疎榮
則同榮辱則同辱難則相求危則相扶勤是無價之報學是明月神珠積財千萬不如明
解經書良田千頃不如薄伎隨軀慎是護身之符謙是百行之本香餌之下必有懸魚重
價之下必有勇夫功者可賞過者可珠不念無力之子只愛有力之奴養男不教不如養
奴養女不教不如養豬癡人畏婦賢女敬夫孝是百行之本故云其大者乎（跋）余知
志也五帝為家四海為擇不驕身意不樂榮華食不重味衣不純麻唯貪此書一卷不用
黃金千車集之數韻未辯玼瑕本不呈於君子意欲教於童兒

聯芳案：法藏敦煌遺書《太公家教》伯 3764，前文有殘闕約 48 字，從「闕
得人一牛」始，至「太公家教一卷」終，共計約 2575 字。另開篇闕文疑五；
無出入文句；異同字約 182 字；故此篇法藏敦煌遺書《太公家教》伯 3764 存
文，若以斯 3835、《鳴沙石室佚書》影寫本和伯 2564 相比和對校後，其準確
度約 92.9%較英藏斯 3835 佔 91.8%為高 1.1%，若不計篇首之闕文，此篇之
流暢和準確度似為諸篇中最高，故可從下表分析校勘之準確度一覽表，看出
端倪。

表二

| 《太公家教》 | 鳴沙石室佚書<br>附錄 1 | 英藏斯 3835<br>附錄 9 | 法藏伯 2564<br>附錄 19 | 法藏伯 3764<br>附錄 33 |
|---|---|---|---|---|
| 全篇字數 | 2498 字 | 2356 字 | 2573 字 | 2575 字 |
| 疑有闕文段落 | 3 段 | 4 段 | 8 段 | 6 段 |
| 疑有文句出入 | 10 句 | 6 句 | 9 句 | 0 |
| 校對異同字 | 377 字 | 194 字 | 400 字 | 182 字 |
| 異同字佔全篇<br>百分比 | 15% | 8.2% | 15.5% | 7% |
| 估計準確度 | 85% | 91.8% | 84.5% | 93% |

聯芳案：本論文研究進行期間，發現學者汪泛舟曾著《敦煌古代兒童課本》，文
中有《〈太公家教〉考》之著述，在其書後補記亦有提及敦煌流傳的寫本情況，
當時《太公家教》約有 35 個寫本可供對勘，但文中所提 P.3984 卷疑乃因筆誤，

實應為 P.3894，謹此勘正〔註17〕。另本人曾於 2018 年赴日旅遊期間，在日本東京都國會圖書館發現由日本汲古書院出版、黑田彰先生著《太公家教注解》一書，書後附錄《敦煌遺書總目索引》所述篇章，有關《太公家教》之影印篇 235 頁，這項資料為我提供了大量有關敦煌遺書的原始材料，這些影印本，更是今日中、港、臺研究工作中最欠缺的依據。我如大旱逢甘霖，在東京市遍尋書局珍而購之。返港後與何師商討，擬以抽絲剝繭的方法，將書中敦煌遺書《太公家教》相關所有影印本，本擬全部詳列翻印存檔，以此珍貴材料作為本人論文之研究橋樑，因篇幅太大，本論文僅可提供敦煌寫本之首頁影本為之參考。

進行研究「對校法」比勘時，發現周鳳五《敦煌寫本太公家教研究》之「羅振玉鳴沙石室」與日本汲古書院出版《太公家教注解》之「羅振玉氏舊藏本」二者影印本之內容逐字對校，兩者內容格式一模一樣，惟小部分字跡和文字改正略有異同，疑周鳳五「羅振玉鳴沙石室」是民國時的影抄本。再經仔細比勘後推論，登錄於日本黑田彰氏《太公家教注解》，所有資料皆較完整，遂推論日藏「羅振玉舊藏本」《太公家教》影抄本疑為當初伯希和氏給予羅振玉作為研究敦煌遺書《太公家教》之原本，而周氏「羅振玉鳴沙石室」影印本應為校本。故想將此論文研究，依據英藏和法藏敦煌遺書資料之較完整者，將上述材料再進行詳細互作校勘。

黑田彰氏《太公家教注解》書中，其研究所得是依《敦煌遺書》伯 3764 為底本，其研究團隊對《太公家教》提供了頗為完整的校勘研究，並藉此獲得較為重要的分析和研究成果。查伯 3764 影印本，雖亦有部分殘缺，但經黑田氏與其它日藏《敦煌遺書》《太公家教》等，所作整體詳細校勘比對，其結論可謂抽絲剝繭，將伯 3764 列為敦煌遺書除《羅振玉氏舊藏本》外，和所有有關《太公家教》在英、法、日、俄藏等敦煌遺書材料內，作為最重要的比勘依據，故可排除之前有的疑問，以伯 3764 可謂現今研究《太公家教》最全面、最完整的版本。

以「對校法」經過上述詳細比對後發現，我與日本《太公家教注解》所提供的結果非常接近，故在此基礎上，我同意敦煌遺書《太公家教》的最好版本目前應該是法藏伯 3764，將來所有的研究或可在伯 3764 的基礎上進一步再做比勘與深層次研究。

---

〔註17〕汪泛舟編著：《敦煌古代兒童課本》，蘭州，甘肅人民出版社，2000 年，6 月，頁 222～225。